LES CONSEILS DE L'HEURE

Pour la Femme

Pour le Travail

Pour les Affaires

LES CONSEILS DE L'HEURE

Pour la Femme
Pour le Travail
Pour les Affaires

Par Georges HAGNEREL

Prix : 2 fr. 25

ANGERS
G. GRASSIN, IMPRIMEUR-ÉDITEUR
40, rue du Cornet et rue Saint-Laud

1915

AVANT-PROPOS

Les situations nouvelles qui résultent ou vont résulter du fait de la guerre en France sont, parmi les préoccupations de l'heure présente, celles qui dominent dans l'esprit de nombreuses femmes, quelle que soit la classe à laquelle elles appartiennent.

Soit que les unes soient frappées de la perte d'un être cher, les autres, d'une source régulière de revenus, dans les deux cas leur existence va être appelée à subir une modification sensible et se compliquer peut-être d'un désarroi contre lequel elles éprouveront quelque peine à lutter.

Cependant elles le savent, les nécessités actuelles sont impérieuses. Plus que jamais, il conviendra qu'elles s'efforcent de reprendre courage et de réagir dans toute la mesure de leur pouvoir. Il leur faudra, en outre, sacrifier un peu au passé, abandonner d'anciens préjugés, et s'imposer une organisation méthodique conçue différemment de celle précédemment vécue.

Tâche douloureuse certes, mais que les sympathies multiples, dont elles seront entourées, atténueront sensiblement; et d'ailleurs avant tout, dans toutes les manifestations de leur nouvelle vie, elles songeront à la cause pour laquelle le leur est tombé, et elles se pareront résolument de sa gloire. Victimes elles-mêmes elles sauront imposer le respect et subiront avec fierté leur nouveau sort, si modeste, si effacé qu'il soit.

Mais aussi, toutes les femmes de France connaissent leur devoir; elles savent que, dans toutes les circonstances difficiles, on peut entièrement compter sur elles, sur leur sacrifice, comme sur leur dévouement.

Elles savent également que les plus favorisées ont contracté une dette envers les éprouvées, et que chacune, en ce qui la concerne, tiendra scrupuleusement ses engagements ! Aussi bien, avec de tels sentiments, que n'obtient-on pas !

Une mission immense est réservée à celles que leurs moyens de fortune permettent de disposer de leur temps. Nous la détaillerons tout à l'heure.

Qu'il nous suffise de dire que cette mission est une des plus belles qui puissent s'exercer, parce qu'elle s'inspire à la fois d'une haute portée sociale et d'un but essentiellement humanitaire.

Cet ouvrage, conçu en grande partie avec cet objectif, comporte une variété d'enseignements et une préparation à de multiples travaux destinés à provoquer le relèvement moral et effectif des infortunées.

Il traite également cette grosse question des salaires, si fréquemment soulevée, puis de nos industries, de notre commerce intérieur et extérieur, des affaires, des transports, des banques, des organisations de placement, etc., toutes choses enfin qui présentent à l'heure actuelle, pour l'avenir de notre beau pays de France, une importance considérable.

Mais en même temps, il exprime la pensée de l'auteur d'une façon très nette, sans vergogne comme sans fard. En d'autres termes, il dit exactement ce qu'il convient de dire, courtoisement, mais courageusement.

Il plaira donc aux uns, et pas à d'autres, parce qu'il formule autant de reproches que de conseils. — Mais qu'importe? — Le point capital est que ceux à qui il s'adresse, sentent bien que son idée directrice ne n'inspire que de leur intérêt.

Le reste, un détail !

D'ailleurs ici même, bien que nous voudrions ne faire que l'éloge, et ne dire autre chose que beaucoup de bien de la femme française, force nous est cependant, non pas d'en dire du mal certes, mais de lui faire simplement « toucher du doigt », et, cela sérieusement, certaines défections et imperfections de caractères particulières à son sexe, dont elle n'apprécie pas toujours suffisamment le faible, et surtout la portée.

Si nous osions, nous dirions de suite très franchement, que la femme en général parle un peu trop, et parfois beaucoup trop pour ne rien dire.

Cette expression anglaise bien connue « time is money », n'a pas précisément cours auprès d'elle, ou si l'on veut, pour atténuer, la notion du temps lui est quelque peu indifférente.

Actuellement, dans certains bureaux administratifs, on peut y lire, paraît-il, libellé en très grosses lettres. cet expressif avertissement :

Soyez brefs
Les minutes sont précieuses
Les vôtres aussi

Comme mise en garde, on ne saurait guère trouver mieux !

Il semble en effet, que dans la nouvelle existence qui se prépare, « le temps sera surtout de l'argent », pour les hommes comme pour les femmes, et que celles-ci auront tout à gagner, en appliquant particulièrement ce précepte à leur propre vie.

En principe d'ailleurs, quand on parle trop, on indispose. C'est une vérité excellente à retenir. On ne s'aperçoit pas que l'on prête à critique, et lors d'une nouvelle rencontre, la première surprise marquée est le peu d'intérêt qui vous est réservé.

C'est peu et c'est beaucoup. — Il est bon dans les rapports communs de se ménager de part et d'autre. — Du tact et beaucoup de retenue sont souvent utiles.

L'esprit de critique doit être entièrement banni dans tous propos. Une critique formulée sur un absent est susceptible de l'être également sur soi-même.

Bien inspirée est la personne qui, au début d'une critique, interrompt subitement par une phrase de ce genre : « Mais quel bien joli temps nous avons aujourd'hui ! » Une douche glacée n'obtiendrait pas le même résultat.

Dans leurs conversations courantes, certaines femmes ont une tendance à se déchirer quelque peu. C'est un tort. — Une femme de cœur et de bonne éducation doit éviter, dans un groupe, ces effusions de langage, car elles peuvent nuire, et porter préjudice à celles à qui elles s'adressent.

Du temps perdu que tout cela, croyez-le bien. Vous avez mieux à faire, vous valez mieux que cela, nous venons de vous le dire.

En ce qui vous concerne, vous, femmes du monde, méditez, recueillez-vous, et dites-vous bien que pendant que vous nous entretenez de ces mille futilités, qui n'ont rien à voir avec les considérations de l'existence, d'autres femmes sont sans soutien, sans certitude du lendemain, sont assaillies par mille préoccupations intimes.

Beaucoup d'entre vous ont prouvé, pendant cette période terrible que nous traversons, ce qu'elles savent faire et combien elles peuvent faire. C'est bien, mais c'est bien sans plus, car c'est un devoir accompli et non un dévouement.

On se dévoue, quand il s'agit de payer de sa personne, de souffrir, se priver, se sacrifier, mais on fait son devoir, quand on prête son appui, soit manuellement, soit pécuniairement, là où la nécessité appelle.

Vous allez connaître tout à l'heure le rôle auquel vous êtes conviées .Nul doute que vous ne le remplissiez avec zèle et générosité, avec cet esprit sérieux et pénétré qui vous caractérise.

Car vous avez des conseils multiples à donner; avec de la souplesse et de l'autorité, vous aurez vite fait de vous rendre indispensables. Car indispensables, vous le serez; vous l'êtes d'ores et déjà. Vous seules pouvez obtenir ce qui actuellement s'impose pour nombre de vos compagnes.

Et puisque nous parlons de vous, deux mots encore sur un sujet qui vous touche de près.

Avez-vous quelquefois songé à cette mode fantastique qui vous est imposée en France, depuis quelques années, et vous êtes-vous bien pénétré du ridicule que certains ports de coiffures et de vêtements offraient aux yeux du passant français et étranger.

Vous savez presque toutes, aujourd'hui, que certains derniers « cris » de saison avaient une origine tudesque, c'est-à-dire grotesque, mais vous ne vous en étiez pas aperçues avant la guerre.

Eh bien ! ne croyez-vous pas que le moment soit venu d'y renoncer. Les créations allemandes imposées à des Françaises ! Est-ce possible?

Au fond, vous vous y êtes bien prêtées quelque peu. Savamment conquises par de brillants causeurs, vous n'avez voulu entendre que de beaux discours, des affirmations intéressées, et vous vous êtes laissé tenter, imitant ainsi ces catégories de professionnelles de la publicité, qui avaient mission de les afficher.

Encore une désillusion !..

Mais vous vous ressaisirez et vous imposerez à votre tour. Il est assez bizarre en effet que ce commerce de parures, qui vous accapare tant d'ailleurs, vous soit imposé. Le contraire serait vrai cependant.

Il vous appartient seules de relever le goût français, le plus sûr, le plus raffiné de tous, n'en doutez pas.

Et puis, songez un instant à ces critiques que certaines femmes recueillent à leur passage.

— Songez à l'étranger qui, dans les grandes villes, ne sachant distinguer, se croit autorisé à vous importuner.

Les modes excentriques, savez-vous, ont beaucoup contribué à l'étranger à cette réputation dont certains littérateurs intéressés ont répandu l'écho. Beaucoup d'entre vous l'ont ignoré, mais d'autres ne s'y sont pas trompées. Alors !

Unissez-vous donc. La réponse à ces « impressions fâcheuses » vous la fournirez vous-mêmes. A l'avenir, vous donnerez des conseils et vous n'en recevrez pas. Il y va du goût français, de votre sécurité, de votre réputation.

Ne l'oubliez pas.

G. H.

(*Mai 1915.*)

LES CONSEILS DE L'HEURE

Pour la Femme
Pour le Travail
Pour les Affaires

CHAPITRE PREMIER

Des Comités de Protection

Il semble toujours à certaines catégories de gens que les épreuves, chez les classes riches, se ressentent en général beaucoup moins que chez les classes pauvres, simplement parce que les premiers possèdent ce privilège que procure l'aisance, lequel, dans leur esprit, constitue une force d'oubli et un désintéressement à toutes les misères de ce monde.

Grave erreur cependant, car tous les éprouvés. quels qu'ils soient, sont au même titre dignes de compassion.

La vérité est que, si quelque chose peut atténuer les souffrances du cœur chez les favorisés de la richesse, ce quelque chose réside uniquement dans cette satisfaction que l'on éprouve toujours dans l'action du bien et le soulagement des infortunes.

S'il était besoin, d'ailleurs, d'un témoignage à l'expression de cette vérité, on le trouverait actuellement dans toutes les manifestations de cette vie de guerre, où de nombreuses femmes du monde déploient le dévouement le plus absolu et l'abnégation la plus entière.

Cependant combien parmi elles se trouvent frappées dans leurs affections les plus chères, dans leurs espoirs, dans le retour ou d'un mari, d'un père ou d'un fiancé.

Leur générosité d'âme et de sentiments est une question qui ne se pose donc pas, car la preuve est faite depuis longtemps en France, que là, où le devoir les appelle, on peut entièrement compter sur elles.

Aujourd'hui que de multiples problèmes viennent se greffer sur nombre de situations acquises, que du fait de la guerre, des infortunes sont nées qui exigent , ou vont exiger de promptes solutions ou d'immédiates satisfactions, le rôle des femmes du monde va trouver à s'exercer sous une forme toute nouvelle, mais non moins belle, non moins utile que celles de l'heure, car il s'agit cette fois de faciliter, et au besoin d'assurer aux victimes indirectes de cette guerre, les ressources naturelles qui doivent leur permettre de satisfaire aux exigences et nécessités de leur propre existence et de celle de leur famille.

Mission énorme comme on le voit, le nombre des intéressées étant élevé peut-être, car on l'a déjà deviné, nous ne parlons volontairement ici que des femmes, laissant à d'autres le soin d'assurer la protection de nos frères d'armes, les maris, les pères et les fiancés.

Mais on se rend parfaitement compte que l'élaboration d'une telle conception ne peut être le fait d'un unique groupe. Il n'y suffirait pas. Aussi bien dans notre esprit, l'œuvre qui s'impose est commune à toutes les régions où elle doit s'exercer, et nous serons immédiatement compris, quand nous aurons ajouté qu'elle s'inspire des mêmes méthodes que les Comités de patronage, aujourd'hui si répandus.

Toutefois, en ce qui concerne celle qui nous occupe, le titre le plus expressif, qui lui appartient, est celui de « Comité de protection de la femme » et c'est sous cette appellation que nous la désignerons dans le cours de cet ouvrage.

La mission de ces Comités de protection pourrait, d'ailleurs être également comparée, à celle de ces commissions parlementaires, instituées en vue de l'examen et de la préparation de ces multiples questions vitales, qui intéressent à la fois l'organisation et la défense des intérêts d'un pays.

Et en effet, c'est un peu sous cette forme qu'il faut concevoir l'objectif de ces Comités, qui sera de guider, orienter, et prendre la défense de ces milliers d'infortunées, livrées à elles-mêmes et ignorantes des choses matérielles de la vie.

Et en vérité, nous ne saurions trop insister sur les bienfaits à espérer d'une semblable organisation.

Pour en juger, que l'on se représente d'ores et déjà la situation d'une femme de bonne éducation, obligée par suite des nécessités que nous savons, à implorer un emploi quelconque, de domestique ou de femme de ménage par exemple.

Sent-on bien toute la tristesse de cette femme, astreinte à se livrer à une fonction évidemment honorable, mais non en rapport avec ses aptitudes, et les conditions de sa précédente existence. Cette femme a des enfants, déjà nantis d'une excellente instruction, mais dont elle devra abandonner l'enseignement, les laisser errer à l'aventure, sans surveillance, sans soins, sans direction.

Évidemment s'il le faut, elle la remplira cette fonction avec cette fierté et cette soumission dont nous parlions dans notre avant-propos, mais est-il nécessaire de dire que, malgré tout, ce qui pourra être tenté, devra l'être, pour lui éviter cette contrainte.

Oh ! nous entendons parfaitement ce cri sublime des « insensibles » et « égoïstes ». Mais c'est la vie cela ; et puis il y en a tant » ! Comme si, sincèrement, cette opinion suffisait à consoler celles, qui moralement souffrent déjà tant.

Cette pensée, moins isolée peut-être qu'il ne conviendrait, et méprisable à tous les degrés, vaut, il est vrai, une réponse : Que deviendraient ces braves gens si les nécessités leur imposaient cette même situation.

Aussi bien, est-ce pour cette raison, et tant d'autres d'ailleurs, que l'esprit averti de la femme du monde doit travailler à rechercher tout ce qu'il est humainement possible de faire, pour éviter à ces naufragées de la guerre, ces lamentables déchéances.

A une condition toutefois : d'entreprendre ce relèvement, avec ce tact, ce doigté, cette sensibilité, cette délicatesse, enfin qui s'inspirent à la fois du jugement et de la bonté.

Mais aussi comment comprendre ce rôle, et dans quel sens l'organiser.

En toutes choses, on le sait, il est toujours excellent de ne rien tenter sans une étude préalable. De même qu'une affaire, pour être menée à bien, exige un examen approfondi, de même une œuvre, comme celle qui nous occupe, doit comporter une préparation sagement conçue.

Dans cet ordre d'idées, que l'on songe un instant à ce degré de perfection et de minutie, atteint par les Allemands, dans la préparation et la mise sur pied de ces nombreuses variétés d'institutions, d'affaires, d'entreprises, etc, que nous connaissons. Leur infatigable volonté, leur persévérance et leur ténacité jamais rebutées, leur permettaient d'atteindre presque toujours le but poursuivi.

Ces résolutions déployées à propos de tout, se sont manifestées chez eux comme chez nous, avec ce mépris de scrupules particulier à leur tempérament, aussi bien, comprend-on mieux aujourd'hui pourquoi ils ont pu exercer une telle influence sur certaines spécialités d'industries, et de commerce français, dont un peu plus chaque jour ils s'emparaient, et de la prépondérance et de l'exclusivité, parmi les branches mêmes où cependant nous excellons.

Nous n'avons évidemment pas l'intention de citer ici leurs méthodes en exemple, mais on conviendra que ces leçons d'énergie méritaient un court exposé, et à ce point de vue seulement, il semble que nous serions fort bien inspirés dans l'avenir, si nous les appliquions personnellement pour notre compte.

Un comité de protection disions-nous, peut se composer d'un nombre indéterminé de dames, que ce nombre soit de 10, 20, 30 ou plus, peu importe, l'initiative et le dévouement de chacune comptant seuls.

Le but de l'œuvre étant ainsi déterminé, son fonctionnement exigera une présidente, une vice-présidente, des secrétaires, une trésorière et au besoin des adjointes.

On sait que la plupart des comités de ce genre, alimentent leur trésorerie au moyen de versements et de cotisations, ainsi que de dons en espèces et en nature qui leur parviennent de philanthrophes ou amis du bien.

En l'espèce, étant donné l'importance des charges auxquelles ces comités seront assujettis, leurs membres devront nécessairement s'imposer largement, et mettre en œuvre toutes les ressources de leurs relations, pour augmenter leurs fonds de roulement et de réserve.

Ces comités pourront fonctionner par exemple dans chaque arrondissement de ville ou de province, et au besoin dans les grands centres, où la population plus dense exigera une action plus étroite.

Ces comités étant ainsi formés, leur première réunion aura pour objet la nomination des présidentes, secrétaires, trésorières et déléguées, l'établissement des statuts conformes aux formules des autres œuvres, l'appel des cotisations, l'établissement des listes des sociétaires, membres honoraires, donateurs et donatrices, l'élaboration du programme, et enfin la distribution des rôles.

Mais quel sera ce programme et de quoi sera-t-il fait ?

En voici un aperçu sommaire, précédé du titre du Comité :

Comité de Protection du Xe arrondissement de Paris

(Siège Social : Rue .....)

« OBJET : Un Comité de dames patronnesses est constitué à Paris, rue ... sous la présidence d'honneur de Madame A... et la présidence effective de Madame B... assistées de Mesdames D... et E..., secrétaires, de Madame F... secrétaire adjointe, de Madame G... trésorière et de Mesdames H..., I..., J..., K..., L..., déléguées.

Il a spécialement pour objet de faciliter et procurer à toutes les femmes, qui exprimeront le désir de se ranger sous sa protection, des travaux manuels et emplois de toute nature, appropriés ou non à leurs aptitudes personnelles.

Dans cet esprit, le Comité se propose :

De faire connaître sous différentes formes et notamment au moyen de la publicité des journaux, échos de modes, revues féminines, etc., la fondation du Comité, avec l'objet dont il s'inspire.

Il fera ainsi un appel aux femmes dépendant de son arrondissement, c'est-à-dire à celles qui penseront trouver par l'appui de l'œuvre, le moyen de se procurer soit un but unique de ressources, soit un supplément à celles-ci.

Les listes d'appel resteront constamment ouvertes à toutes celles qui, à toute époque, désireront se ranger sous la protection du Comité, lequel se réserve comme mission première, de rechercher et d'établir les aptitudes professionnelles de chacune, pour ensuite les classer dans un ordre approprié.

De provoquer éventuellement parmi les intéressées la formation d'une Union, tendant à resserrer entre elles les liens d'une collaboration étroite, en vue de s'assurer des facilités et rénumérations plus élevées, dans tous les genres de travaux manuels et d'emplois, qui leur seront procurés à titre gracieux par l'entremise du Comité.

Et en vue de cette Union :

De rechercher et choisir parmi des professionnelles indépendantes ou les adhérentes mêmes, des directrices et employées principales chargées d'un assurer le bon fonctionnement.

Étant observé que les dispositions et formalités concernant la constitution de cette Union, en général toutes celles d'ordre technique, seront prises et remplies exclusivement par ses membres même, le Comité qui en préconise la création, devant rester étranger aux mesures et décisions adoptées par sa Direction.

Et ces formalités étant accomplies :

De donner mission aux dames déléguées du Comité, de se mettre en rapport avec les maisons de production, de commerce, d'industrie et autres, susceptibles de procurer à leurs adhérentes, tous emplois ou occupations quelconques, ainsi que toutes commandes de travaux manuels, d'en discuter au besoin les conditions, prix, délais de livraison, etc., et de rechercher avec l'aide des Directrices de l'Union, ou sans leur concours, les moyens propres à exécuter ces travaux, soit par l'achat au compte de l'Union ou des protégées prises individuellement, des marchandises nécessaires, soit par la confection de ces mêmes marchandises, délivrées par les maisons de commerce intéressées.

D'entretenir à ce sujet tout un système de correspondance, de fiches, de classement, de renseignements, de tarifs, etc., afin de coordonner et centraliser toutes les offres, démarches, propositions, études, etc, et de manière à rendre plus effectif l'échange de relations à intervenir.

Enfin, de favoriser et au besoin de subventionner l'Union, ou chaque membre prise individuellement, par des avances à court terme, soit pour l'achat de marchandises, d'outillage ou autres, soit pour une installation ou création quelconque, et ce, au moyen soit du concours de leur trésorerie ou de dons étrangers, soit de banques, particulièrement sollicitées pour ce genre d'opérations. »

Telles sont, en résumé, les grandes lignes du programme dont les Comités de protection pourront s'inspirer.

Ainsi présenté, ce programme est d'une réalisation simple et pratique, du moins il précise très exactement le but à atteindre et les résultats à en escompter

Des Comités de ce genre, nous l'avons dit déjà,

doivent et peuvent être créés partout, car en général leur utilité sera reconnue, et leur action bienfaisante infiniment appréciée.

La publicité à laquelle ces Comités auront recours, leur apportera d'une part le concours de nombreuses personnalités influentes, et d'autre part la participation de nombreux sociétaires dévoués et entièrement désintéressés.

Il est fort possible que les Comités de Province se trouvent moins bien placés que ceux des grandes villes, pour procurer à leurs protégées les mêmes avantages résultant de visites, organisations et distributions de travaux, mais ils auront rapidement remédié à cette légère infériorité, d'abord en s'inspirant du fontionnement des Comités des grands centres, qu'ils auront préalablement consultés et parfaitement étudiés, et ensuite en recourant au « Comité central de protection de la femme » dont nous allons précisément nous entretenir à l'instant.

COMITÉ CENTRAL DE PROTECTION

Car, indépendamment des Comités institués dans les différents secteurs de ville et chaque région de province, un Comité Central de Protection, avec siège à Paris, devra être envisagé, dont la mission sera de grouper ces Comités en une sorte de fédération, en vue de centraliser les renseignements de toute nature offrant des difficultés d'examen, ou exigeant des études spéciales, puis de servir d'interprète entre eux dans les réceptions et transmissions de correspondances commerciales, relatives à des travaux particulièrement compliqués et dépassant leur compétence.

On peut, dès maintenant, se rendre compte des avantages multiples qui résulteront de ces différents organismes, et c'est la logique même que d'en préconiser énergiquement la fondation, car il tombe sous le sens que des efforts combinés, supérieurement préparés avec des éléments de premier ordre, réussiront là, où des tentatives isolées privées d'appuis et de ressources, sombreront incontestablement.

La constitution de ce Comité central serait en somme identique, en tant que Direction et fonctionnement, à celle des autres Comités; cependant il jouirait sur ces derniers d'une sorte de prestige, en ce sens que ses pouvoirs, son titre et l'importance de son rôle, révèleraient aux yeux de tous, un sérieux d'organisation qui influerait sans nul doute sur les destinées des groupements féminins, rangés indirectement sous sa protection.

Cette conception étant admise, nous allons entrer maintenant dans le détail des réalisations pratiques.

CHAPITRE II

Des Emplois féminins

S'est-on bien imaginé déjà l'importance des débouchés, qui vont s'offrir désormais à l'activité de ces organisations féminines. Pour peu que l'on recherche les diverses branches où leur action est susceptible de s'exercer, on arrive de suite à des résultats extrordinairement intéressants.

Nous avons dit déjà, car il convient de le répéter encore, que sans aide et protection, une femme isolée, livrée à ses propres moyens, ne peut efficacement résoudre ce difficile problème de l'existence.

Les excellents conseils dont on s'illusionne trop souvent, l'intérêt, n'y peuvent suffirent eux-mêmes; aussi bien, n'est-ce pas trop s'avancer que prétendre, qu'une femme, dans des circonstances aussi douloureuses, a droit à autant d'égards que de sollicitude, et que lui faciliter la lutte dans de telles conditions, constitue non seulement un devoir, mais une bonne action.

Or, pour fixer très approximativement d'ailleurs, l'intérêt de cette lutte, nous allons procéder ci-dessous à une énumération aussi détaillée que possible, des éléments de travaux et d'emplois, auxquels il leur sera facile de recourir, en les faisant suivre au fur et à mesure, de commentaires, explications, conseils et renseignements spécialement appropriés.

Nous commencerons d'abord par les principaux emplois, réservés aux femmes possédant une certaine instruction.

LA DACTYLOGRAPHIE

Depuis quelques années, cette profession s'est développée un peu partout dans les grandes villes et particulièrement dans les centres d'affaires, Industries, Commerces, Banques, Administrations, etc. C'est en effet une tendance qui se généralise de plus en plus dans les bureaux importants, de faire usage de la machine à écrire, pour les correspondances, les copies, les rapports, factures, etc.

Cette profession est notamment réservée aux femmes, auxquelles certaines administrations exigent à la fois, la connaissance de la sténographie. Elles y excellent d'ailleurs, aussi les situations qu'elles se créent dans certains grands établissements, valent réellement qu'elles s'y consacrent.

Des spécialistes de cette profession ont même fondé des Unions avec bureaux agencés, téléphone, etc., et organisé un système de publicité auquel ils ont recours pour obtenir des commandes de copies. Le fonctionnement de ces Unions est parfait et procure à leurs sociétaires, en même temps qu'une certaine indépendance, une source de profits non négligeables.

A Paris, notamment, il existe des Établissements particuliers, dont l'organisme est plus vaste encore que ces Unions, et qui occupe un certain nombre d'employées dactylo, à appointements fixes. Leur spécialité est surtout la copie à grand rendement, obtenue au moyen de machines dérouleuses ou multicopistes.

L'apprentissage de la machine à écrire se fait le plus souvent dans des bureaux spéciaux créés par les fabriques mêmes de ces machines. Les perfectionnements qu'elles y ont apportés, ont permis à beaucoup d'adeptes de se former rapidement, aussi arrive-t-il souvent que les nouvelles dactylo sont en mesure d'exercer leur profession un mois après leur premier jour d'apprentissage.

Certaines de ces fabriques ont fait mieux encore. Au même titre que d'autres, pour les pianos par exemple, elles louent leur machine à la semaine ou au mois, ce qui facilite ainsi un apprentissage indépendant et à domicile.

Certes, dans cette partie comme dans d'autres, les postes sont quelque peu encombrés, et on ne parvient souvent à s'imposer qu'à la suite de fréquentes démarches, mais, il s'y produit des vacances, et d'ailleurs il faut songer que de nouvelles administrations et industries se forment fréquemment, qui offrent ainsi un plus grand nombre de portes ouvertes aux candidates.

Il est évident que cette profession est bien faite pour séduire beaucoup de jeunes femmes et jeunes filles, et de ce chef, on s'explique parfaitement pourquoi elles préfèrent généralement s'engager dans cette voie; aussi bien l'avons-nous présentée la première, comme étant de celles que les protégées des Comités pourraient adopter le cas échéant.

LA STÉNOGRAPHIE

Cet emploi, un des plus recherchés des femmes, exige évidemment un apprentissage laborieux, mais qui peut s'acquérir assez rapidement, par de bonnes leçons suivies régulièrement.

Il existe dans les grandes villes, des Établissements spéciaux qui se chargent de la préparation à ces emplois, dans leurs bureaux mêmes, aussi bien que par correspondance. Ces Établissements sont d'ailleurs connus, et au besoin une simple consultation du Bottin permettra de les faire connaître aux intéréssées.

Les grands bureaux financiers, administratifs, de grands journaux, de sociétés, d'industrie et autres, sont parmi ceux qui occupent le plus de cess pécialistes, car pour assurer à leurs importants services le maximum de rendement, il leur est nécessaire d'opérer rapidement et avec un personnel entièrement de confiance.

Il apparaît donc de ce côté qu'un certain nombre de femmes gagneraient à adopter cette profession, d'ailleurs lucrative, et qui offre cet avantage de bien placer la titulaire, au regard d'autres fonctions plus élevées, en raison de ses connaissances acquises dans la pratique de la correspondance et du style.

LA COMPTABILITÉ

Ici de nombreuses vacances résultant de la guerre, exigeront de recourir à la fois à des hommes et des femmes, et il est fort possible que ces dernières se voient favorisées pour l'obstention de ces postes, si elles parviennent à présenter des références d'aptitudes un peu soignées.

Il est vrai de dire cependant que, parmi les candidats, ceux des hommes qui auront été éprouvés par la guerre auront beaucoup plus de chance d'aboutir que les femmes elles-mêmes, et ce sera au fond justice, mais il convient aussi de remarquer que des emplois de second ordre comme ceux d'aides-comptables et expéditionnaires, seront susceptibles d'être réservés à ces dernières, soit par nécessité, soit parce que moins rétribués que les autres.

Dans une maison de commerce un peu importante, un établissement industriel, financier ou autre, on exige généralement pour chaque service, un employé spécial à attributions exclusives; or, le moins qu'il soit demandé au candidat qui se propose à l'un de ces emplois, est une bonne orthographe, une belle écriture, quelques bonnes notions d'arithmétique, et quelque savoir en comptabilité.

Par suite, réunir ces diverses connaissances, c'est courir la chance de se faire agréer; aussi bien s'il entre réellement dans l'intention de certaines femmes de se vouer à ce genre de carrière, devront-elles d'abord se familiariser avec la vocation c-a-d recourir à quelques leçons indispensables pratiques dans les établissements où Écoles spéciales dont nous parlions tout à l'heure.

D'ailleurs, dans un des chapitres qui vont suivre, nous aurons l'occasion de tracer quelques aperçus de comptabilité simple, et ainsi les intéressées apprécieront si la méthode paraît susceptible de leur convenir.

LES CAISSIÈRES

Ce genre d'emploi n'exige dans certains cas aucune aptitude spéciale; savoir compter rapidement suffit, de même que présenter d'excellentes références Les caisses d'hôtel, restaurants, de théâtres, d'établissements de plaisirs, d'épicerie, de grands commerces et débits de tabac, sont généralement tenues par des femmes, et dans les grandes villes cette profession est particulièrement recherchée, d'abord parce qu'elle est considérée comme un poste de confiance, et ensuite parce que les titulaires jouissent auprès de leurs chefs et patrons d'une parfaite considération.

Il semble donc que certaines femmes pourraient orienter leurs vues de ce côté, d'autant plus que la profession est assez bien rétribuée.

PROFESSEURS DE LANGUES

Il est à présumer qu'ultérieurement beaucoup de famille orienteront leurs enfants vers l'enseignement des langues étrangères, et notamment de la langue anglaise, du fait des relations aussi amicales qu'économiques qui ne peuvent manquer de se développer entre nous et nos voisins d'outre-Manche, après la guerre.

Dès lors, les professeurs de cette langue seront probablement très recherchés, et il apparaît que sur ce terrain, les femmes pourront y jouer l'un des plus beaux rôles. On sait que dans les villes principales, des établissements d'enseignement spéciaux existent, dans lesquels les langues étrangères forment le principal élément de leur programme — Là on professe des cours parlés et écrits et des leçons de conversation; mais on y instruit également par correspondance, au moyen de ce système qui consiste à adresser à l'élève qui ne peut suivre les cours oraux, des sujets de composition à traduire et à développer, suivant une méthode qui lui est tracée.

L'éducation qui est donnée ainsi, permet à un élève quel qu'il soit de se familiariser, au bout de quelques mois (de 5 à 6 mois au plus), avec la langue adoptée, qu'il peut utiliser ensuite au mieux de ses désirs.

Les Comités ne perdront pas de vue cet intéressant débouché, et ils agiront sagement en recommandant les titulaires ainsi formées, à nos amis les anglais, lesquels, fort probablement ne manqueront pas tôt ou tard de faire appel à nos professeurs pour leur éducation personnelle et celle de leurs enfants, en vue des rapports plus étroits qu'ils se proposent déjà d'entretenir avec nous.

Dans le même ordre d'idées, les Comités songeront à l'étude des langues Russe, Belge et Italienne, bien qu'en moindre proportion sans doute.

PROFESSEURS D'ÉCOLES D'APPRENTISSAGE

Depuis longtemps déjà, on se plaint un peu partout en France et avec juste raison, de l'insuffisance de nos écoles d'apprentissage, et, à diverses reprises, les conseils gouvernementaux, les chambres de commerce et syndicats patronaux, ont, d'un commun accord, préconisé l'extension de ces Établissements, dont les besoins, bien avant la guerre, se faisaient déjà impérieusement sentir.

Eh bien ! il n'est pas exagéré de penser que ces projets, toujours pendants, renaîtront avec plus de force après les hostilités, et que leur mise à exécution sera poussée très énergiquement, et étendue même à de nombreuses corporations.

Dès lors, on saisit tout l'intérêt que présentera la question pour les professeurs d'enseignement, et la place qui sera réservée aux femmes dans la préparation aux travaux féminins.

Professeurs et élèves pourront ainsi trouver, les uns une situation stable et indépendante, les autres, former leur éducation et perfectionner leurs connaissances dans toutes les branches d'activité qu'il leur plaira d'adopter.

Les Comités seront par suite bien avisés en enregistrant dans leur programme cet élément de premier ordre, car il dépendra beaucoup de leur propagande et de leur influence personnelle pour faire aboutir ces revendications si impatiemment attendues.

A titre d'indication, on peut citer parmi les professions de femmes intéressées à cet enseignement :

Les industries de la dentelle, de la broderie, de la tapisserie, la lingerie, la couture, la mode, etc.;

La typographie et la linotypie;

Les services de santé (infirmières);

La cuisine, la pâtisserie, la confiserie, etc.

PROFESSEURS DE COUPE ET DE COUTURE

Nous avons dit déjà que l'une des premières préoccupations des Comités, lors de leur formation, serait de s'efforcer de rattacher à l'Union soumise à leur patronage, des spécialistes de travaux manuels, dont la mission comporterait l'apprentissage de leur profession, à celles des sociétaires qui en exprimeraient le désir.

Mais à supposer que le recrutement de ces professeurs soit, au début, insuffisant pour répondre à tous les besoins, nous dirons qu'il existe dans la plupart des villes un peu importantes, des Établissements diplômés, de coupe et de couture, auxquels les candidates pourraient directement s'adresser.

Il est hors de doute que beaucoup de femmes seraient parfaitement inspirées si elles s'orientaient résolument dans cette voie, les avantages à en retirer étant les suivants :

Exercer cette fonction chez elles, et ainsi se rendre indépendantes; ou bien dans les ateliers, comme contre-maîtresses, avec des émoluments appréciables;

Puis enseigner elles-mêmes ultérieurement leur profession, et dès lors se créer une situation incontestablement lucrative.

On le voit donc, la question offre un très grand intérêt. Par suite se recommande-t-elle au premier chef.

LES EXPÉDITIONNAIRES

Nous voulons parler de ces emplois tenus chez les officiers ministériels, c'est-à-dire les notaires, avoués, greffiers, liquidateurs, huissiers, etc. Il s'agit de ces copies sur papier timbré, d'actes notariés, de jugements et de liquidations, désignées dans toute la « Basoche » sous les noms d'expéditions et extraits.

Ces copies, où il rentre de 10 à 25 lignes par page suivant les cas, sont payées au rôle, un rôle comprenant double page (recto et verso). Jusqu'à ce jour ces fonctions ont été à peu près généralement remplies par des clercs expéditionnaires, mais il n'est pas impossible que désormais les officiers ministériels fassent un appel aux femmes, dans les études où se seront produites des vacances de titulaires.

Là encore, l'intérêt commande de solliciter ces emplois, d'ailleurs stables, sérieux, et suffisamment rétribués pour assurer l'existence d'une femme.

EMPLOIS ADMINISTRATIFS

Nous n'en parlerons pas ici, les candidates qui se destinent aux fonctions administratives étant généralement instruites personnellement des ressources et renseignements qu'elles comportent.

RECEVEUSES DE TRAMWAYS, DE MÉTRO ET D'AUTOBUS

L'essai a été tenté et il apparaît qu'il a fort bien réussi. Bien qu'il ne faille exagérer en rien l'importance du rôle que la femme peut assumer dans ces fonctions spéciales, il semble néanmoins que les Compagnies pourront être appelées à faire quelques appels à l'élément féminin pour assurer leur services de recettes, en remplacement des employés mâles.

Quoi qu'il en soit, il s'agit d'un nouveau débouché qui s'offre à la portée des femmes, indépendamment bien entendu des emplois de bureau que ces compagnies peuvent leur réserver.

COIFFEUSES-POSTICHEUSES

Dans cette partie, les femmes sont également susceptibles de trouver à s'occuper, mais encore sous condition d'un court apprentissage. Cet emploi n'existe en général que dans les grandes villes, et intéresse donc peu les femmes habitant les petites villes de province.

Toutefois, il appartiendra aux Comités de s'enquérir des débouchés de ces produits, car il semble que leur consommation ait sensiblement augmenté dans tous les milieux, en ces derniers années. L'Étranger s'offre également comme une clientèle à prendre ou à rechercher, et il serait regrettable de ne pas s'efforcer de se l'attacher.

Dès lors, une étude de la question s'impose, car il en peut résulter des profits appréciables pour de nombreuses catégories de femmes, désireuses de s'occuper à domicile.

EMPLOYÉES D'HÔTELS, DE RESTAURANTS ET DE CAFÉS

Ces fonctions sont fort nombreuses, et bien qu'assujettissantes, elles offrent pour certaines femmes un réel intérêt.

Les grands établissements notamment, entretiennent régulièrement un personnel de choix, et lui assurent indépendamment d'appointements fixes, des avantages qui se traduisent par des bonifications et pourboires souvent renouvelés.

Le personnel féminin dans les hôtels importants, se divise en plusieurs catégories :

Les cuisiniers ou cuisinières, les aides, les femmes de ménage, les femmes de chambre, des femmes de service, de lavabos-toilettes, les serveuses de table, les fruitières, enfin les caissières et téléphonistes.

Dans divers restaurants importants, tous les services sont assurés presque entièrement par des femmes, la plupart des provinciales.

Enfin, dans les cafés, le rôle de la femme est moindre, parce que le personnel est surtout composé de garçons; toutefois il semble que des vacances se produiront dans la corporation, et que certaines places pourront fort bien convenir à quelques catégories de femmes.

La question vaut une étude, de la part des Comités, auprès des Syndicats d'hôteliers et de restaurants de Paris et de Province, car elle intéresse une immense quantité de serviteurs, et ce pour deux causes :

La première, la pénurie de garçons français provoquée par la guerre;

La seconde, le nettoyage complet du personnel allemand opéré dans de nombreux hôtels.

Nul n'ignore, en effet, jusqu'à quel point les hôtels de la capitale et ceux de province étaient envahis par ces « indésirables ». Sous le prétexte d'aptitudes spéciales, aussi bien que de conditions de salaires réduites, la préférence de nos hôteliers leur était acquise, au détriment des nôtres. Donc, désormais les intéressés n'auront qu'à se féliciter des décisions prises par le Gouvernement à leur encontre.

Nous croyons savoir d'ailleurs qu'en ce qui touche le service des femmes dans les cafés et restaurants, la Chambre syndicale des restaurateurs et limonadiers de Paris, dont le siège est rue Richelieu, 24, s'en est déjà préoccupée.

Évidemment, la question ne pourra se solutionner complètement, car elle est controversée assez sérieusement, mais les Comités sauront vaincre certaines résistances, en insistant sans relâche, pour que des essais soient tentés dans les services intérieurs de ces établissements; et alors très probablement l'innovation se développera.

Mais il est nécessaire de dire que, sans ce concours les isolées ne réussiront qu'imparfaitement, étant données les divergences de vues qui existent au sein de ces syndicats.

LES GENS DE MAISON

Dans les grandes maisons également, aussi bien que dans les maisons bourgeoises, le personnel allemand a déjà fait place à la main-d'œuvre française, aussi est-il hors de doute que de nombreuses vacances vont résulter de ce chef, après la guerre.

Toutefois, les Comités observeront la plus grande prudence dans le choix ou la présentation de leurs protégées, en raison des mécomptes qui pourraient se produire, si les candidates présentées par leurs soins manquaient d'expérience.

On ne naît pas en effet cuisinière; aussi des références seront nécessairement exigées. Dès lors, l'intéressée elle-même s'abstiendra dans cette voie, si elle ne se reconnaît pas les aptitudes nécessaires.

D'autre part, il n'est pas superflu d'ajouter que patrons et serviteurs agiraient fort sagement aujourd'hui en usant réciproquement de plus de modération, de sympathie et de patience. En outre, la question des salaires, qui a si longtemps divisé chacun d'eux, pourrait être pacifiquement examinée et retouchée, et cela étant, bien des difficultés s'aplaniraient tout naturellement.

En résumé, de nombreuses situations vont s'offrir aux gens de maison, du fait de la guerre; or, les Comités sont tout désignés pour faciliter à leurs protégées les meilleures de ces fonctions.

ÉCOLES DE CUISINE

Puisque nous parlons de cuisine, les Comités devront songer à propager ces écoles professionnelles qui fonctionnent dans quelques grandes villes, mais en trop petit nombre encore.

Cette question d'enseignement mérite, à tous

égards, qu'ils s'y attachent, car de nombreuses femmes ont un vif intérêt à s'adonner à la profession, à la fois très lucrative et peu encombrée.

La réputation de la cuisine francaise n'est plus à faire de l'autre côté de la mer. Or, étant donné les vides qui ont pu s'y produire, est-il permis d'envisager d'ores et déjà un exode, parmi nos compatriotes les mieux préparées à l'emploi.

En France d'ailleurs, nous avons aussi beaucoup à espérer dans cette voie, mais, à l'heure actuelle il semble que nous soyons encore imparfaitement outillés pour répondre à tous les besoins du métier. Aussi bien les Comités n'hésiteront-ils pas à orienter leurs premières démarches, vers la création de ces écoles spéciales.

LES EMPLOYÉES DE MAGASINS ET DE BAZARS

Ici également, des emplois sont susceptibles de devenir vacants, mais certains d'entre eux exigeront nécessairement de bonnes aptitudes.

Les grands comme les petits magasins étant astreints de par leur clientèle à débiter une infinie variété de marchandises, il va de soi qu'ils sont obligés d'exiger de leur personnel la connaissance de leur métier. Généralement, celui-ci se forme à la suite d'un séjour plus ou moins prolongé dans les dépôts et ateliers, comme auxiliaire ou manutentionnaire, où d'ailleurs il se trouve bien placé pour se familiariser avec l'emploi convoité.

Toutefois, les femmes d'un certain âge ne peuvent envisager cette situation comme les jeunes, et il semble que leurs préférences devront se diriger vers les ateliers de ces mêmes grands magasins, qui occupent de nombreuses mains pour la couture, la préparation des marchandises, et leur emballage.

En résumé, ces emplois bien qu'intéressants ne doivent néanmoins pas absorber en entier la préoccupation des femmes; en d'autres termes, il serait sage qu'elles ne s'illusionnent pas trop sur la facilité de se les procurer, car certaines pourraient attendre trop longtemps. Sans les négliger totalement, qu'elle exercent leurs recherches à la fois par ailleurs, c'est un excellent moyen pour qu'elles évitent des déceptions.

Les comités d'ailleurs seront mieux en mesure qu'elles, d'orienter leurs projets, qu'elles s'y adressent donc en toute confiance.

LES EMPLOYÉES D'ALIMENTATION

Il semble que dans cette branche de commerce, un certain nombre de femmes pourront également aspirer à des emplois intéressants. Les grandes épiceries notamment ainsi que les crémeries et autres magasins de denrées, sont susceptibles de faire en effet appel à l'élément féminin, d'autant qu'il n'est exigé, dans ce genre de commerce, aucune préparation spéciale.

L'activité des Comités trouvera donc facilement à s'exercer dans cette voie, car les ressources qu'elle offre sont fort nombreuses.

LES MANUTENTIONNAIRES

Il s'agit d'un emploi qui consiste à préparer des marchandises à fin de transformation et d'expédition, opérations qui n'exigent aucune connaissance approfondie.

On trouve ce genre d'occupation dans les manufactures de l'État, les grands magasins, grands journaux, imprimerie, sociétés de publicité, fabriques de conserves, de papier, de crayons, vêtements, lingerie, draps, couvertures, corsets, etc., en un mot, dans tous les établissements importants et à grande production.

Là comme ailleurs, il est possible de se créer de bonnes situations, d'autant qu'aucune limite d'âge n'est exigée.

LES DAMES DE COMPAGNIE

C'est toujours le bon emploi recherché, mais il est rare, et ne peut être envisagé que par des femmes de bonne éducation et de bonne tenue.

Certes, les comités pourront beaucoup dans cette voie, étant donné leurs relations et leur influence; aussi bien leur appartiendra-t-il de classer cette profession parmi celles à réserver aux plus méritantes, et à s'employer à la leur procurer, en usant de tous les moyens dont ils pourront disposer.

LES INFIRMIÈRES.

Cette profession, du fait de la guerre, a vu le nombre de ses adeptes augmenter considérablement;

aussi est-il improbable et fort heureusement d'ailleurs, que de nouvelles recrues deviennent indispensables pour assurer les services de santé qui subsisteront après les hostilités.

Néanmoins, des vacances peuvent se produire tôt ou tard, et celles qui désireront se vouer à cette fonction, feront bien dès maintenant de suivre les cours spéciaux qui sont ouverts dans certains hôpitaux et aux sièges des œuvres de secours aux blessés, institués à Paris et dans les villes un peu importantes de province.

Les comités renseigneront d'ailleurs leurs protégées sur la marche à suivre, et, à défaut, les intéressées s'adresseront directement au siège de ces œuvres, ou encore auprès des infirmières de profession, enfin au besoin, auprès de leurs docteurs.

CHAPITRE III

Des Petites Industries et Travaux divers

LA PETITE IMPRIMERIE

Dans cette voie, les ressources qui s'offrent sont énormes, et par suite valent que les femmes s'y attachent.

Se représente-t-on les innombrables cartes commerciales, avis de passage, en-têtes de lettres, factures, bordereaux de débits, de livraisons et d'expéditions, ces milliers d'étiquettes de toutes formes, prospectus, circulaires, avis de décès, de mariage, de naissance, bulletins administratifs, etc, etc., qui chaque jour sortent des ateliers d'imprimerie, à destination de ces nombreux établissements industriels et commerciaux, banques, administrations, sociétés, compagnies, cercles, ateliers, entrepreneurs, particuliers, etc.

A priori, il semble peut-être qu'il soit nécessaire de disposer de vastes ateliers et d'un grand matériel, pour entreprendre le tirage de cette multitude d'imprimés divers, et évidemment les ateliers qui se livrent à cette industrie sont généralement à ce point de vue parfaitement outillés ; mais que l'on réfléchisse que nous ne parlons, et pour cause, que de la petite imprimerie, c'est-à-dire de celle qui consiste à reproduire de simples en-têtes, cartes, factures, etc., lesquels peuvent être obtenues avec un outillage très réduit, volant même, pouvant être installé partout, dans une chambre au besoin, outillage que l'industrie fournit d'ailleurs couramment.

Cette petite industrie peut donc constituer un excellent élément de ressources ; aussi à ce titre se recommande-t-elle spécialement à l'attention des Comités de protection, parce qu'elle est à la fois pratique et rémunératrice, et peut-être envisagée sur une vaste échelle.

Les moyens financiers qui permettraient l'achat du petit matériel nécessaire, peuvent être envisagés différemment, suivant la situation des intéressés; ou bien leur Comité qui disposerait à cet effet d'une caisse spéciale alimentée par les différents apports dont nous nous sommes entretenus plus haut, en ferait l'avance à ses protégées, sous réserve de retenues à des époques déterminées, ou bien ce même Comité, suivant convention avec la Direction de l'Union en projet, en garantirait le paiement sous les mêmes réserves.

Avant tout, dans cet ordre d'idées les Comités devront se pénétrer de l'esprit de sacrifice et de dévouement, c'est-à-dire qu'ils ne devront jamais s'arrêter devant un obstacle quel qu'il soit.

La Bienfaisance s'exerce, on le sait, sous toutes les formes. Toutefois, il ne s'agit pas ici de charité, mais simplement de généreux services à rendre, d'appuis étudiés et désintéressés, dont il doit résulter beaucoup de bien, énormément de bien peut-être. Dès lors, la satisfaction du devoir accompli devra surtout dominer dans l'esprit des Comités, car en agissant ainsi, ils rehausseront considérablement la portée et la beauté de leur œuvre.

LA BONNETERIE

Dans cette voie, des ressources également considérables sont offertes aux Unions, ou affilées des Comités de protection.

Généralement, lorsqu'on éprouve le désir de se rendre acquéreur d'une marchandise à l'usage du corps, il suffit de consulter l'un de ces nombreux catalogues que les grands magasins éditent à profusion, et répandent dans toutes les parties du monde. En effet, sur ces recueils de l'habillement, on découvre de ces milliers d'objets aussi intéressants les uns que les autres, présentés sous des formes très complètes et indications variées de dimensions, qualités, nuances, prix, etc.

Eh bien! si nous consultons un instant quelques-uns de ces catalogues, nous pouvons voir, en ce qui concerne spécialement la bonneterie, que cette industrie, comporte une grande variété d'articles, dont la confection peut être entreprise à domicile, c'est-à-dire en dehors des manufactures et ateliers.

Évidemment, dans ces fabriques et ateliers, les prix de revient de gros autorisent des conditions de vente relativement réduites, mais, malgré tout, à égalité, la main-d'œuvre privée peut aussi y trouver son compte.

Nous signalerons notamment les articles suivants, susceptibles d'occuper assez régulièrement les groupes intéressés.

Les petits bonnets de laine de garçonnets et fillettes;

Les chandails de qualité ordinaire;

Les passe-montagnes pour militaires, aviateurs, automobilistes, mécaniciens, chauffeurs, watmans, etc.

Les gants de laine d'hommes de troupe, de femmes, fillettes et garçonnets;

Les chaussons et chaussettes;

Les fichus de tous modèles;

Les vêtements de laine pour bébés, etc.

Pour la fabrication de certains de ces articles, n'oublions pas qu'il existe de « petits métiers » et machines spéciales, dont l'achat est à la portée des bourses moyennes. D'ailleurs, les Comités examineront la question au même titre que pour le petit outillage d'imprimerie, car, dans l'industrie de la bonneterie, l'intérêt est la fabrication par gros stocks, qui seule permet de résister à la concurrence, ou pour le moins, de s'affranchir de certaines exigences.

LES ÉQUIPEMENTS ET VÊTEMENTS MILITAIRES

Ici encore, des éléments importants d'occupation sont offerts à l'activité des femmes.

Dans le domaine militaire, comme dans les administrations civiles, les entreprises de vêtements par fortes quantités sont fréquentes, et précisément pour cette raison, la participation des Unions à ces entreprises, se recommande au premier chef.

L'administration militaire, notamment, (service des Intendances et Dépôts du Ministère de la guerre) a pour elle-même des besoins pour lesquels elle sollicite le concours de nombreux entrepreneurs, spécialement outillés pour produire de gros stocks, dans des délais déterminés.

Il est aisé de passer en revue, d'après les affiches que cette administration publie officiellement à diverses périodes, les différentes catégories d'objets d'habillement qu'elle réclame.

Les voici en partie :

Les capotes et manteaux de sous-officiers et soldats

Les pantalons et vestes de toutes nuances;

Les dolmans;

Les étuis-musettes;

Les couvre-bidons;

Les calottes de campagne;

Les képis;

Les draps;

Les traversins;

Les couvre-pieds;

Les matelas;

Les caleçons;

Les chemises;

Les cravates (bleues et rouges;

Les gants de laine;

Les bérets;

Les ceintures de flanelle;

Les étuis à aiguilles et fils;

Les bourgerons de toile;

Les bretelles de pantalon;

Les chéchias;

Les couvre-nuques;

Les couvre-képis;

Les guêtres de toile;
Les jambières;
Les mouchoirs;
Les pantalons de toile ou treillis;
Les sacs à distribution;
Les seeaux en toile;
Les sacs à avoine;
Les serviettes;
Les sous-pieds;
Les vestes de travail;
Les bandes molletières;
Etc, etc.

La liste est longue comme on le voit.

Mais encore, indépendamment de ces objets, figurent les équipements d'officiers, (d'ordonnance et de fantaisie), lesquels réprésentent également un réel intérêt, parce que d'une exécution plus rémunératrice.

VÊTEMENTS D'ADMINISTRATION ET DE SPORT

Dans cette classe, nous pouvons citer :

Les uniformes d'huissiers, d'antichambre, de gardiens de prison, de gardes forestiers, de gardiens de la paix, d'établissements financiers, de grandes maisons; les tenues spéciales de pupilles de l'assistance publique, de cochers, automobilistes, de sports, de colons, et tant d'autres encore.

Le premier problème, qui évidemment devra se poser aux Comités chargés d'orienter leurs protégées dans ces entreprises, sera celui de l'établissement des prix de revient, et au besoin de l'achat des marchandises; mais, nous avons déjà expliqué comment pourront être résolues ces questions et ce sera une des missions les plus intéressantes de ces Comités que de s'employer à leur étude et d'en dresser des listes très complètes et parfaitement documentées.

LES VÊTEMENTS CIVILS

Là, les variétés ne font pas défaut et comportent des spécialités en masse pouvant convenir à toutes celles qui connaissent bien le maniement de l'aiguille et de la machine à coudre.

Citons :

Les pantalons et bourgerons de toile pour électriciens, mécaniciens, chauffeurs, agents de lignes, ouvriers d'industrie et d'ateliers, etc.;

Les complets dits de « confection » d'ouvriers, de jeunes gens, d'enfants;

Les pardessus *idem*;

Les culottes et plastrons de cyclistes, de sportmen de touristes;

Les gilets de toute catégorie;

Les blouses de cultivateurs, herbagers, marchands de bestiaux, maraîchers, etc.;

Les pèlerines imperméables, les cache-poussière les capuchons;

Tous les vêtements imperméables pour automobilistes, cyclistes, aviateurs, touristes;

Les protège-nuques;

Tous ces vêtements peuvent être entrepris par les Unions en quantités limitées, soit en stocks entiers pour le compte direct des manufactures, soit sur commandes émanant des grands et petits magasins.

Le plus souvent des modèles ou patrons sont confiés aux entrepreneurs pour l'exoution des vêtements, mais rien n'empêche que les Unions en créent elles-mêmes pour leur compte et en tirent parti, en perspective de commandes directes passées par les gros acheteurs.

ROBES ET MANTEAUX ET VÊTEMENTS DIVERS

Ici, il faut distinguer la catégorie sur mesure, fabriquée par des spécialistes, de celle confectionnée par des ouvriers et ouvrières en couture.

La première rentre dans le domaine des grands couturiers et couturières, et ne peut par conséquent intéresser beaucoup nos Unions, sauf bien entendu les ouvrières, que sur leur demande, les Comités couvriront de leur protection.

La seconde, au contraire, comporte un certain nombre d'éléments qu'il convient de noter.

Tout d'abord :

Les robes et jupes confectionnées, de bébés, enfants, jeunes filles et dames.

Les variétés en sont connues; la mode en change fréquemment il est vrai, mais au fond l'adaptation, le genre, le goût, dépendent plutôt de la pratique et de l'expérience que de la technique, autrement dit de la difficulté de création.

Ensuite :

Les peignoirs et robes d'intérieur, dont l'utilisation est considérable aussi bien en articles de luxe qu'en bon marché. Dans cette voie, on peut espérer beaucoup, car il est très probable que les femmes modifieront à l'avenir leur tenue habillée par un port de vêtements plus simples, aussi bon marché que pratiques;

Les blouses pour dames de magasins, de bureaux, d'ateliers, d'usines, d'hôpitaux, etc., dont la consommation est particulièrement importante ;

Les tabliers de luxe, de fantaisie, de cuisine;

Les jupons de toutes séries, dont l'usage est excessivement répandu;

Les blousons et corsages en lingerie, en toile, en lainage, en taffetas, soie et coton, de toutes tailles et de toutes formes. Ici, la production est immense et exige une véritable armée de lingères;

Les pantalons pour dames et fillettes en lingerie, flanelle, toile, etc.;

Les chemises de femmes et d'enfants;

Les corsets, les cache-corsets;

Les mantilles de toutes formes;

Les matinées de luxe et de fantaisie;

Les jaquettes;

Les manteaux confectionnés;

Les petits capuchons.

En résumé, dans l'industrie du vêtement et de ses dérivés, les ressources se présentent presque inépuisables, qu'il s'agisse de l'habillement masculin ou féminin.

Par conséquent, pour cette raison, les Comités devront s'attacher tout spécialement à orienter leurs protégées dans cette partie, car indépendamment de la régularité dont ces travaux bénéficient, ils offrent l'avantage de la diversité, d'où embarras du choix parmi ceux à adopter.

Enfin, la clientèle étant généralement de premier ordre, il tombe sous le sens que les premières relations au début pourront se développer ou s'étendre à diverses autres catégories de travaux indépendantes, ce qui rendra possible une répartition abondante, au profit d'une autre série de sociétaires ou protégées, moins bien partagées que les autres.

LINGERIE, BRODERIE

La lingerie comporte une assez grande variété d'échantillons pareillement susceptibles de retenir l'attention.

La chemiserie, les blousons, les combines, les culottes, etc., dont nous nous sommes entretenus déjà, en représentent la majeure partie, mais il en est d'autres que les femmes connaissent bien et dont voici quelques aperçus : les nappes de tous modèles, les dessus de buffet, de table et de cheminée, les couvre-édredons, les taies d'oreillers, les draps, les serviettes à thé, à toilette, les plastrons de chemise, les manchettes, les cols, etc.

Puis, la broderie qui a elle seule constitue une spécialité, mais qui exige on le sait, une certaine expérience.

La broderie, s'appliquant généralement à toute la lingerie de luxe, devrait nécessairement profiter d'une plus large rémunération, mais c'est précisément le contraire qui existe. Aussi bien, à l'avenir, les comités de patronage devront s'efforcer d'obtenir pour leurs protégées des conditions plus en harmonie avec la difficulté du travail, car les prix actuels payés aux ouvrières suffisent à peine pour assurer leur existence.

Et c'est encore l'un des beaux rôles qui leur sera réservé, car nul doute que ces comités parviennent tôt ou tard à faire triompher la cause de ces brodeuses.

Et puis, il est fort possible que parmi les sociétaires des unions, ou protégées, un certain nombre manifeste l'intention de se familiariser avec cette profession; mais alors la difficulté première viendra du défaut d'éléments d'apprentissage, auquel évidemment les sociétaires auront besoin de recourir.

Par suite, le cas étant prévu au sein des comités, ceux-ci devront de toute nécessité ou provoquer dans les ateliers de l'union des équipes de brodeuses particulièrement douées, et rémunérées au besoin par les apprenties elles-mêmes sous forme de cachets, ou déléguer ces professionnelles à domicile pour les femmes qui exprimeraient le désir de faire cet apprentissage chez elles.

Rien n'est plus facile que d'exécuter un semblable projet et comme tout doit s'enchaîner dans l'organisation et la distribution des travaux à exécuter, beaucoup de femmes s'en montreront fort satisfaites, parce qu'assurées du lendemain.

Il faut noter d'ailleurs que ce système de cours d'atelier et à domicile peut aussi bien s'appliquer à d'autres catégories de travaux manuels; or, dans cette voie, les comités n'auront que l'embarras du choix.

MODES ET FOURRURES

Dans ces deux parties, une grande activité peut également s'exercer sous différentes formes, car les éléments ne manquent pas.

La mode comprend, en effet, une infinité d'articles qui rend possible la participation de nombreuses mains, aux différentes créations dont elle est l'objet.

Les formes, par exemple, peuvent être après un apprentissage assez rapide, fabriquées à domicile et par stocks entiers.

Les plumes, également, bien que cette spécialité exige un doigté particulier, qui d'ailleurs n'est pas insurmontable — cette industrie un peu spéciale comporte quelques apprêts, comme le dépressage, le frisage, la teinture, etc., mais encore avec l'aide d'un peu de pratique, ces opérations peuvent être effectuées dans de bonnes conditions.

Les fleurs artificielles. — Là aussi, il s'agit d'un article industriel qui pour certaines variétés nécessite un petit outillage particulier; il n'empêche toutefois que pour cela comme pour autre chose, la bonne volonté annihile beaucoup de difficultés.

Les chapeaux, bonnets et coiffures, lesquels forment non seulement une spécialité des ateliers de modistes, mais encore d'ouvrières en chambre, notamment les chapeaux, dits « chapeliers » les coiffures de bébés et jeunes filles, les bonnets d'automobile et de voyage, de cuisinières, de femmes de chambre, les canotiers, etc.

Les fourrures. — Les variétés s'offrent là également nombreuses et constituent un excellent élément d'occupations. La fourrure s'adapte à beaucoup d'objets d'habillement, de coiffure, de manteaux de luxe comme de bon marché.

Nous trouvons notamment à l'article fourrures :

Les manchons, tours de cou, cols et poignets de manteaux et pardessus;

Les doublures;

Les petits manteaux d'enfants comme les grands manteaux de luxe;

Les casquettes et bonnets d'auto;

Les chaussons fourrés.

Le tout comprenant soit des catégories uniformes ou de séries, soit des articles de commande sur mesure, mais non essayables.

Donc, dans leur ensemble, les industries de la mode et de la fourrure doivent permettre largement aux protégées des comités, l'accès à de nombreux travaux, sous forme de commandes réparties entre les spécialistes.

LA TAPISSERIE

La tapisserie figure parmi les occupations manuelles intéressantes, parce que certaines catégories d'articles peuvent être entreprises à domicile.

La machine en absorbe évidemment une grande partie, mais il existe de nombreuses maisons qui ne recherchent que la tapisserie exécutée à la main. Il y a donc par suite intérêt à les bien connaître, et de leur côté, les comités seront bien inspirés en orientant celles de leurs protégées possédant des aptitudes spéciales, dans cette industrie véritablement artistique.

LES AUMONIÈRES ET SACS A MAIN

Ces articles qui se font en soie, en cuir ou en toile brodée constituent une source de bonnes occupations. Les modèles très variés peuvent convenir à de nombreuses mains.

L'Étranger s'intéresse beaucoup à cette fabrication, aussi sa clientèle devra en être recherchée par les comités.

LES ABAT-JOUR

Ils constituent une excellente trouvaille pour les petites mains agiles et expérimentées. Il suffit de voir pour imiter; or là comme ailleurs, un apprentissage à l'atelier ou à domicile se recommande, car cet article est fortement demandé, aussi bien chez nous qu'à l'étranger.

LES COURONNES

Les couronnes constituent un article spécial, mais également apprécié. — On fabrique dans cette partie aussi bien à l'atelier qu'à domicile. A Paris même il existe beaucoup de ces industries en chambre, notamment dans les faubourgs, et il apparaît que celles des femmes qui exercent cette profession s'en montrent satisfaites.

LES JOUETS

Dans les jouets, les variétés sont illimitées, ce qui rend possibles les élections, ou le choix d'un article de convenance personnelle.

Dans cette industrie, il faut évidemment tenir compte de certaines nécessités d'outillage, de petit outillage s'entend, qui seul rend possible la fabrication des articles dits de série et à bon marché, impossibles autrement à exécuter.

De ce chef, il serait souhaitable que les comités entreprennent une étude sérieuse, car cette question de la fabrication du jouet en France présente à l'heure actuelle une importance considérable.

On sait que dans cette branche, les allemands étaient passées maîtres en répandant, dans toutes les parties du monde, une quantité colossale d'échantillons de toutes sortes. Maintenant que le débouché de ces articles leur est fermé aussi bien en France, qu'en Angleterre, en Russie, en Belgique et en Serbie, il va de soi que des efforts énergiques doivent être tentés par nous, dans le but de leur reprendre, dans la plus large mesure, toute la clientèle qu'ils sont parvenus à accaparer à notre détriment.

Cette campagne doit donc se poursuivre sans répit, tant au sein des comités que par les chambres de commerce intéressées, car nos ouvrières ont un très beau rôle à prétendre dans la partie. Des efforts combinés seuls peuvent et doivent en assurer le succès !

LES DRAPEAUX

Cet article est aujourd'hui et plus que jamais d'actualité, aussi est-il probable que des millions de ces emblèmes de toutes tailles et de toute nationalités vont être demandés par le commerce.

Dès lors, les comités emploieront sagement leur

temps en se livrant à l'étude de cette fabrication, aussitôt leur formation, car celle-ci est susceptible d'assurer dès le début, à leurs protégées, une notable proportion de commandes.

LE BLANCHISSAGE

Dans cette voie, la femme peut trouver une occupation régulière et non négligeable.

Bien que de nombreux ateliers de blanchissage fonctionnent ou existent déjà, lesquels, chez certains, occupent un assez grand nombre d'ouvriers, des vacances se produisent fréquemment, et puis ici comme dans les autres corporations, il est possible d'en créer de nouveaux, dans les grandes villes notamment, Paris et les grands ports, où il semble qu'ils pourraient être appelés à se développer, étant donné l'afflux d'étrangers qui ne peut manquer de se manifester après la guerre.

Dans cet ordre d'idées, les grands hôtels sont susceptibles de procurer à ces ateliers des travaux abondants et réguliers, les grands restaurants également, si bien que, déjà en elle-même, cette indication reste précieuse et peut être notée bien en vue sur les tablettes des comités.

EMPLOIS DIVERS

Enfin, nous citerons comme faisant partie de ces catégories diverses d'industries n'exigeant les unes aucune aptitude particulière, les autres que des connaissances superficielles résultant de la pratique de l'emploi :

Les fabriques de :
Films cinématographiques;
Papiers peints;
Celluloïd;
Passementerie;
Bimbeloterie;
Lainages;
Filatures de coton;
Couvertures, édredons;
Matelas;
Plumes métalliques;
Règles;
Crayons;
Caoutchouc;
Cordages, ficelles;
Filets;
Cartonnage;
Papier;
Papier à cigarettes;
Calendriers de fantaisie;
Cartes postales illustrées;
Vannerie;
Épingles;
Aiguilles;
Chaussures;
Brosserie;
Chocolaterie;
Confiserie;
Sucre;
Vitrerie;

Verrerie;

Etc., etc.

En résumé, ainsi que nous venons de le voir, des ressources de tous ordres sont offertes à l'activité des femmes, que leur situation commande de rechercher, et bien que nous n'ayons présenté qu'une partie des éléments auxquels il leur est possible de recourir, leur nombre nous paraît déjà suffisamment éloquent pour répondre aux aspirations de chacune.

Mais encore, si nous nous sommes attaché jusqu'ici à faire état de ces ressources, en les recommandant à l'attention des intéressées et des Comités, nous n'avons pas parlé des moyens que ces derniers pourront mettre en œuvre pour en bénéficier ou en faire profiter, aussi bien allons-nous en indiquer quelques-uns, qu'ils pourront retenir.

CHAPITRE IV

Le Bottin et les Annuaires

Tout le monde ou presque, connaît ces publications périodiques désignées, les unes sous le nom de « Bottin », les autres d' « Annuaire », et dans lesquels figurent les adresses par profession des établissements divers : industries, commerces, sociétés, administrations publiques, œuvres diverses, adresses mondaines, etc, d'une ville, d'un arrondissement ou d'un département.

Le Bottin notamment, qui est une sorte de publication officielle, est divisé en une série d'adresses régionales. Comprenant : celles de Paris (Bottin de Paris), celles des départements (Bottin des départements) et celle de l'Étranger (Bottin de l'Étranger).

Quant aux annuaires, ce sont des ouvrages à peu près identiques, édités par des journaux de Province le plus souvent, et qui contiennent des renseignements industriels, commerciaux et administratifs d'une région déterminée, englobant soit un canton, soit un arrondissement, soit enfin un département entier.

Enfin, l'annuaire mondain est une sorte de recueil d'adresses de personnages importants, ministres, députés, nobles, ecclésiastiques, bourgeois, gros industriels, commerçants, ambassadeurs, consuls, banquiers, rentiers, et cet annuaire est édité à Paris.

Aujourd'hui, on peut trouver le Bottin dans tous les pays de France, chez le gros commerçant comme chez le gros maître d'hôtel ou cafetier, de telle sorte que sa consultation est à la portée de tout le monde.

Il est bon de le reconnaître, le Bottin est un ouvrage documentaire très précieux pour le monde des affaires et du travail; or, à ce titre, il doit tout particulièrement intéresser les Comités et leurs protégées, en raison des rapports qu'ils sont appelés à entretenir avec le commerce et l'industrie. Bien souvent, en effet, ces Comités et en général les femmes à la recherche d'une situation, se trouveront dans la nécessité d'y recourir pour faciliter leurs recherches, et on aperçoit, d'ores et déjà, les avantages immédiats que chacun d'eux pourra en retirer, les isolés de province par exemple, lors de leur future organisation.

En attendant, nous allons exposer ci-dessous les différents systèmes que certaines femmes pourront adopter pour solliciter elles-mêmes les emplois qu'elle convoitent.

LES MOYENS DE SOLLICITER UN EMPLOI

En principe, les premières démarches à entreprendre avant de postuler une situation ou du travail sont celles qui consistent : 1° A se recommander de quelqu'un, par exemple le maire d'un village ou d'une ville, une dame du monde, un banquier, ou encore d'un employé principal de l'établissement envisagé; 2° A se rendre préalablement compte, si la place recherchée est vacante, ou en voie d'être créée.

Ceci posé, examinons un cas isolé : celui d'une dactylographe, par exemple.

Cette dactylographe, déjà recommandée d'une

personne qui l'honore de sa confiance, va écrire 8 ou 10 lettres à l'adresse des directeurs de maisons choisies par elles et relevées sur le Bottin.

Dans ces lettres elle s'exprimera à peu près ainsi :

« MONSIEUR LE DIRECTEUR,

« Recommandée de Madame X., à laquelle le
« cas échéant vous pourriez vous adresser, je viens
« vous prier de me faire connaître si actuellement
« ou prochainement, vous comptez pouvoir disposer
« dans vous bureaux, d'un emploi de dactylographe.

« Je crois ne pas trop m'avancer en vous disant
« que je suis suffisamment experte dans cette profes-
« sion pour me rendre utile.

« Les cours que j'ai suivis à l'École de.., pendant
« trois mois, me permettent aujourd'hui d'aborder
« résolument l'emploi; aussi bien, même à défaut
« de vacances, m'obligeriez-vous à enregistrer
« ma demande.

« Je vous serais reconnaissante de me faire con-
« naître votre réponse quelle qu'elle soit, et dans
« l'attente,

« Je vous prie d'agréer, Monsieur, mes respec-
« tueuses civilités. »

(Signature).

(Adresse).

Ou bien :

« MONSIEUR LE DIRECTEUR,

« Vous plairait-il de m'autoriser à me présenter
« à vos bureaux à l'heure que vous jugerez, en vue

« de solliciter personnellement l'emploi de......
« qui vient d'être vacant, me dit-on.

« Je vous serais très obligée, en effet, de vouloir
« bien m'entendre avant de prendre un engage-
« ment par ailleurs pour ce poste.

« Et avec cet espoir, je vous prie de croire, M..
« à mes sentiments dévoués. »

(......)

Pas de longues épitres, mais au contraire de courtes lettres, exprimant en quelques mots ce que l'on veut dire.

Si la demande de réception est agréée, se présenter exactement à l'heure indiquée. Une tenue correcte et simple, de rigueur. Pas de phrases ni de longs discours. Laisser parler et ne pas couper une conversation.

La première impression doit être la bonne, donc s'attacher à la rendre telle. Pas de sourire, mais un aspect sympathique et résolu, très attentionné également. S'excuser de déranger et ne pas prolonger inutilement l'entretien.

Si la réponse est vague, ne pas insister. S'excuser très dignement, puis avant de quitter, et d'un façon détachée, prier de vouloir bien « noter la visite » et ajouter en regrettant beaucoup l'insuccès : « voudriez-vous me rendre ce service de me recommander à l'un de vos confrères ou amis ». Remercier sans insister d'avantage et se retirer en priant « de ne pas se déranger. »

De la dignité, beaucoup de dignité ; cela impose. Mais évidemment ne rien exagérer, car alors la bonne impression disparaîtrait.

Nous disions tout à l'heure qu'indépendamment de la recommandation première à rechercher auprès d'une personnalité influente, il était utile également de « s'informer » discrètement auprès de « quelqu'un de la maison. »

Ce détail n'est pas à négliger, car il peut rendre un signalé service. Voici la manière de s'y prendre :

Premier cas. — La maison où l'on désire s'adresser, se trouve dans la ville habitée par l'intéressée.

S'assurer de l'adresse personnelle d'un chef, sous-chef, contre-maître ou contre-maîtresse. Puis, choisir son jour et se rendre chez l'intéressé à une heure convenable. Prier d'être reçu. Exposer sa demande, insister sur son cas, et laisser l'adresse. En utilisant ce moyen, il peut en résulter ceci : si la place est libre, la recommandation ou présentation peut être assurée, et n'exigera plus qu'une visite à la direction. Si cette place n'est pas vacante, l'adresse ne sera pas oubliée, et le cas échéant, la postulante aura quelque chance d'aboutir. Au besoin, confirmer sa visite par lettre à son protecteur ou protectrice occasionnelle.

Opérer ainsi dix fois s'il le faut et dans dix établissements différents. Mais avant tout, s'armer de patience et savoir attendre le temps nécessaire. Si les démarches sont bien conduites, l'on doit réussir.

2e *cas.* — La maison se trouve située hors du domicile de l'intéressée.

Écrire ou au premier comptable ou premier contre-maître de la dite maison, dans les termes suivants :

« Monsieur,

« Je n'hésite pas à vous écrire, à tout hasard
« il est vrai, pour obtenir de vous le renseignement
« désintéressé que voici :

« Pensez-vous qu'une place de...... soit ou
« doit être vacante dans vos ateliers. Si oui, voudriez-
« vous m'en informer immédiatement, sinon prière
« de conserver mon adresse pour le cas où cet
« emploi deviendrait libre.

« Vous me rendrez, en me répondant, un très réel
« service, et avec mes remerciements,

« Veuillez agréer, Monsieur........ »

(..............)

(Timbre pour réponse).

On trouvera naïf peut-être que nous exposions ainsi ces petits détails, d'ailleurs très courants, d'introduction et de demandes d'emploi; cependant nous pourrions répondre comme notre bon Normand de Normandie, oui, pour celles qui n'ont que faire de ces conseils, mais non, catégoriquement non, pour ces braves femmes et jeunes filles, qui n'ont plus d'espoir, plus d'appui ni de soutien pour les représenter, qui sont à ce point désorientées et découragées, qu'elles ne peuvent plus rien tenter pour reprendre le dessus de leur situation critique.

Mais encore, il existe un autre moyen parfaitement pratique et offrant beaucoup de chances de réussite, bien qu'il exige une dépense de quelques fonds. Il consiste à s'adresser à une grande agence de renseignements privés (voir le Bottin), de la manière suivante :

« Monsieur,

« Je serais très désireuse de trouver un emploi,
« ou du travail de...... dans telle maison de
« couture ou autre, dans telle ou telle ville.
« Voudriez-vous vous charger de ce soin auprès
« des principales maisons de la place, en m'indi-
« quant au préalable dans quelles conditions vous
« pourriez vous charger de ces démarches.
« Je compte sur une prompte réponse de votre
« part, et à titre de renseignement, veuillez me
« fixer sur les références que je devrai présenter.
« Agréez, Monsieur, etc. »

Sans plus et vous verrez venir — au besoin allez trouver la direction de l'agence et soumettez-lui votre cas.

En résumé, nous estimons que ces différents systèmes peuvent être employés efficacement, soit ensemble, soit séparément.

Nous les recommandons d'ailleurs tout spécialement aux intéressées, car ils sont éprouvés. Par conséquent ils sont susceptibles de procurer les meilleurs résultats.

CHAPITRE V

La Protection de l'Enfance

Parmi les préoccupations qui vont assiéger certaines femmes obligées de par leur situation à rechercher un emploi en dehors de leur domicile, il en est une qui les tourmentera d'une façon particulière, c'est celle de l'abandon forcé de leurs enfants, pendant toute la durée de leur absence.

Il est aisé de comprendre combien est justifiée une telle inquiétude, quand on songe à la situation qui sera faite à ces enfants livrés ainsi à eux-mêmes, sans soins, ni surveillance, exposés à ces tentations multiples de la rue, si préjudiciables à tous égards à l'enfance.

Nous reconnaissons très bien que des efforts ont été réalisés déjà, et propagés dans certaines villes et bourgades, en vue d'assurer la sauvegarde de ces catégories d'enfants, mais il semble que désormais ces initiatives devront développer plus que jamais leurs moyens d'actions, et réaliser en grand ce qui a été accompli jusqu'ici en petit.

Certes, il faut espérer que l'État contribuera pour sa part à la fondation de ces institutions spéciales, secondé qu'il sera par de nombreuses œuvres philanthropiques, mais il n'en reste pas moins que les Comités de protection ou de patronage agiront très vaillamment en préparant eux-mêmes, avec leurs propres moyens, la voie à suivre, c'est-à-dire en étudiant par avance, chacun en ce qui le concerne, un plan d'organisation adapté aux méthodes actuellement en vigueur.

Il apparaît que cette question devra être résolue parmi les premières, étant donné l'urgence de la situation. Mais déjà le fait de la soulever nous permet d'apprécier à quel point la formation des Comités de patronage s'annonce indispensable, car elle nous révèle et la profondeur du rôle qui leur est réservé, et l'importance des services qui leur seront réclamés par celles mêmes, qu'ils auront mission d'encourager et de couvrir de leur protection.

C'est une tâche incontestablement magnifique, car elles sont nombreuses celles qui attendent et espèrent; qui espèrent non pas un secours ou une aumône, mais un appui ferme, efficace, une protection enfin dans toute l'acception du mot, faite de dévouement et de désintéressement, et compatible avec leur amour-propre et leur dignité.

Mais ce sera aussi l'honneur de ces Comités de s'acquitter de cette tâche avec ménagement et beaucoup d'égards. Et d'ailleurs, ils s'inspireront des circonstances et jugeront suivant leur conscience; il se montreront dignes enfin de leur mission qu'ils sauront placer au-dessus des petites chapelles et influences, quelles qu'elles soient.

CHAPITRE VI

Organisation des Comités

Nous avons bien tracé, au cours d'un chapitre précédent, un extrait du programme que les Comités auront à édifier afin d'exercer leur influence et leur concours vers le but à atteindre, mais nous n'avons pas exposé encore le sens dans lequel ils devront orienter leurs efforts, afin d'obtenir un maximum de rendement, ni indiqué les méthodes d'organisation auxquelles ils pourront recourir pour accomplir pratiquement leur œuvre.

C'est ce que nous allons essayer maintenant d'envisager résolument, car il s'agit, on s'en rend bien compte, d'une opération à grande envergure. Aussi, bien avant d'en entreprendre la réalisation propre et définitive, convient-il au préalable d'en fixer en une analyse aussi circonstanciée que possible, les grandes lignes principales.

Nous avons établi déjà de quelle manière devront se constituer les Comités; mais, dans le sein de ces groupements, nous n'avons introduit que des dames et n'avons pas parlé des hommes. Or, il apparaît nettement que ces derniers, qui pourraient être choisis parmi d'anciens magistrats, hommes d'affaires, anciens financiers et philanthropes, auraient également un rôle très important à jouer dans les études techniques, commerciales et de contentieux, et, sans qu'il soit absolument besoin de les rattacher à ces Comités comme sociétaires, il semble que l'on pourrait simplement faire appel à leur concours, à la fois comme membres honoraires et comme correspondants.

Nous dirons même que ces concours seraient en tous points précieux, car la tâche à accomplir est si vaste que malgré toute leur bonne volonté les dames de Comité n'y pourraient, dans certains cas, suffire, étant donné les multiples problèmes qui bien souvent se présenteront.

Dans ces conditions, on saisit tout l'intérêt qui résulterait de cette participation honoraire, en faveur soit des Unions, soit des protégées prises isolément, car alors les moyens d'action pourraient être élargis de telle sorte qu'il deviendrait possible de satisfaire à de très nombreux besoins, et de condenser l'effort avec des appuis financiers au fond indispensables, et répartis entre tous les organismes intéressés.

Mais encore, avant d'entrer dans le vif de cette organisation, ajoutons quelques mots sur la constitution propre de ces Comités.

Aujourd'hui, beaucoup de femmes du monde participent à de nombreuses œuvres de bienfaisance, qui ont été créées un peu partout depuis une dizaine d'années et notamment pendant la guerre actuelle. La plupart se trouvent donc ainsi à peu près au courant, et de leur formation, et de leur fonctionnement. Dans ces conditions, on peut parfaitement admettre que la fondation des comités de protection n'entraînera aucune grosse difficulté, les adhérentes n'ayant qu'à s'inspirer du même esprit, et d'une organisation à peu près identique, bien que cependant il soit nécessaire d'envisager, pour ces derniers, un plan d'action plus développé, indépendamment du concours d'un plus grand nombre de sociétaires et d'une installation matérielle plus vaste.

Nous ne nous attacherons donc pas à retracer ici la formule de leur constitution et des attributions des membres, nous allons plutôt aborder directement d'abord :

1° La question du matériel de bureau, de la tenue des livres, de la correspondance et du système d'établissement de fiches, classements et renseignements commerciaux;

2° Les méthodes d'organisation de recherches, d'études, et de documentation, but fondamental de l'œuvre à accomplir.

Nous commencerons d'abord par le matériel de bureau.

MATERIEL DE BUREAU

Sous ce titre, nous n'entendons pas parler des meubles et accessoires susceptibles d'entrer dans sa composition, mais simplement des livres, registres, carnets, ouvrages et documents nécessaires au bon fonctionnement des comités.

Procédons par ordre.

Tout d'abord, il faudra songer au papier à lettre avec l'indication du titre du comité et de son siège.

Aux copies de lettres (3 au moins):

Un pour la correspondance avec les protégées;

Un pour la correspondance avec les établissements industriels, commerciaux, administratifs, etc;

Enfin, un pour les études, les prix de revient, les états de classement, etc.

Les registres d'adresses des sociétaires de comité, actifs et honoraires.

Les carnets individuels des protégées avec leur adresse, leur profession, âge, aptitudes, occupations précédentes, recommandations, actes de naissance, etc.

Les fiches volantes doubles, contenant les mêmes indications, les mêmes renseignements, classées par ordre alphabétique.

Le registre des opérations journalières pour la transcription du résumé de la correspondance journalière, propositions, offres et demandes relatives à des questions d'examen ou études commerciales, candidatures, etc.

Le Livre-Journal, destiné à l'enregistrement au jour le jour des opérations de caisse, et mouvements de fonds (cotisations, dons, dépôts en banque. prêts, avances, achats d'objets de bureaux, dépenses diverses, frais généraux, etc.

Le Grand Livre des comptes particuliers des sociétaires, et comptes généraux.

Le Livre d'inventaires du matériel, des capitaux, de l'ameublement.

Le Livre de caisse en double (livre brouillon et livre cartonné), où sont inscrites les recettes et dépenses journalières, balancées chaque matin ou le soir.

Le carnet de chèques des établissements de crédit ou de banques.

Les carnets divers pour annotations particulières, adresses de négociants, industriels, administrations, renseignements sur des marchandises, prix d'achats, de vente, de façon, etc. de renseignements de moralité, annonces d'adjudications de travaux, nomenclature de travaux, etc.

Puis les biblorhaptes ou recueils, de correspondances

circulaires, notes d'achats, de dépenses, factures.

Des cartons-chemisiers.

Des dossiers particuliers pour l'usage personnel des sociétaires, d'autres pour celui des protégées.

Des ouvrages : de comptablité, droit commercial, manuels de travaux et d'entreprises, d'études techniques diverses.

Des journaux professionnels, bulletins, revues, etc.

En résumé, la série à peu près complète des livres et documents d'une maison de commerce, à l'exception simplement des carnets d'effets à recevoir et de valeur, dont l'usage par les comités n'est pas nécessaire.

Tout cela à premier examen semble compliqué, et partant, de nature à effrayer quelque peu celles des femmes qui n'ont aucune idée des nécessités bureaucratiques d'un établissement quelconque; cependant l'ensemble de ces livres, papiers et documents tient en réalité peu de place, et bien que le tout ne soit pas absolument indispensable, la plus grande partie cependant répond à une nécessité absolue.

En principe, dans une entreprise de ce genre, il est toujours bon de s'outiller convenablement, afin d'éviter d'abord des tatonnements et pertes de temps toujours préjudiciables, et ensuite parce que cela permet d'envisager et d'embrasser rapidement une méthode de conduite et de travail qui influe souvent sur les destinées de l'entreprise.

En un mot, bien préparer une affaire c'est lui assurer une plus grande chance de succès, aussi bien, dans cet ordre d'idées, les comités n'hésiteront pas à consacrer dans leur organisation le maximum d'élements convenables, et ce faisant ils seront parfaitement inspirés.

DE LA TENUE DES LIVRES

La première opération consistera, avons-nous dit, dans le relevé des noms et adresses des sociétaires actifs, honoraires et donateurs, du comité.

La tenue de ce registre « ad hoc » folioté, sera fort simple.

Un exemple :

Note des Sociétaires actifs du Comité de protection de X....	Montant de la cotisation.	Dates de l'admission	Dates de démission ou de décès.	Observations Changements d'adresses et divers.
Présidente :				
Madame ...... A....... rue..... Ville....	300 f	1er Juin 1915	—	—
Vice Présidente :				
Madame ......B......	300	2 Juin 1915		
Secrétaires :				
Madame .....C......	300	2 »		
Madame.....D.......	300	3 »		
Trésorière :				
Madame......E......	300	3 »		
Sociétaires :				
Mesdames				
F........	300	4 »		
G........	300	6 »		
H........	300	6 »		
I........	300	7 »		
J........	300	8 »		
K........	300	8 »		
L........	300	9 »		
M........	300	10 »		
....				
....				
....				

Liste des Membres honoraires

Mesdames:			Importance des dons.	Dates des dons
N	Rue	Ville	500	12 Juin 1915
O	"	"	1000	16 " "
P	"	"	800	18 " "
Q	"	"	1100	24 " "
R	"	"	1500	27 " "
S	"	"	1200	29 " "
....				
....				
....				
....				

Listes des Donateurs

		Importance des dons.	Dates des dons
Madame	T...... rue..... ...	2000	16 Juin 1915
Monsieur	U....... rue..... ...	2500	19 " "
Monsieur	V...... rue..... ...	4000	25 " "
Madame	X...... rue..... ...	3500	30 " "
....			
....			
....			
....			
....			

La seconde opération comprendra l'enregistrement des cotisations et dons, des dépenses et frais d'établissement, etc., sur un livre de caisse ainsi compris :

Caisse

1915		Doit		1915		Avoir	
Juillet 1er	A Madame A........			Juillet 1er	Règlement facture Dupont (Ameublements) 6 Juin	450	00
	Sa cotisation 1915/1916	300	00				
.	A Mme B............						
	Sa cotisation 1915/1916	300	00		Facture Durand (15 Juin) (Registres. Papiers)	375	00
.	A Mme C...........						
	Sa cotisation 1915/1916	300	00		Facture Henry (16 Juin) (Fournitures de bureau)	225	00
.	A Mesdames						
	D —— d° ——				Loyers d'avance X		
	E —— d° ——				(Appartements du Comité)	275	00
	F —— d° ——						
	G —— d° ——	1200	00		Courses diverses	6	00
.	A Madame N......				Divers et timbres	3	50
	Sa cotisation honoraire	500	00				
.	A Madame O						
	Sa cotisation honoraire	1000	00				
.	A Madame T						
	Sa donation	2000	00				
.	A Monsieur U						
	Sa donation	2500	00				
	Total	8100	00			1334	50
	Caisse Avoir	1334	50				
	Balance	6765	50				
Juillet 2	------------------	.	.	Juillet 2	Dépenses ------	.	.

Livre Journal

1915	Semaine du 1er au 7 Juillet 1915.	Caisse Doit		Caisse Avoir	
Juillet 1er	Madame A .... sa cotisation versée ce jour...	300	00	.	.
.	Madame N ...... sa cotisation de membre honoraire	500	00	.	.
.	Dupont —— Règlement de sa facture du 6 Juin	.	.	450	00
3	Frais Généraux — Achats de timbres poste	.	.	15	00
.	X — Règlement loyer d'avance 1/2 terme Juillet	.	.	2[illegible]	00
4	Madame T .... Don en espèces	2000	00	.	.
4	Banque Z —— Notre versement aux cotisations	.	.	5500	00
5	Banque Z —— Encaissement chèque Règlement Durand	375	00	.	.
5	Durand —— Règlement facture Registres du 15 Juin	.	.	375	00
5	Frais généraux —— Pourboires divers	.	.	1	00

Grand Livre.

		N° de Journal	Doit	Avoir
1915	Madame A... rue.... (Présidente)			
Juillet 1er	Sa cotisation 1915 encaissée ce jour ..	1	300 00	" "
	- - - - - - - - - - - - - - - -			
	- - - - - - - - - - - - - - - -			
	- - - - - - - - - - - - - - - -			
	- - - - - - - - - - - - - - - -			
Décembre 31	Balance d'Inventaire	40	" "	300.00
	Madame T rue ...... (Donatrice)			
Juillet 1er	Sa donation de ce jour	1	2000 00	" "
	- - - - - - - - - - - - - - - -			
	- - - - - - - - - - - - - - - -			
	- - - - - - - - - - - - - - - -			
	- - - - - - - - - - - - - - - -			
Décembre 31	Balance d'Inventaire	40	" "	2000.00
	M.... Dupont ameublements rue .... Paris			
Juillet 1er	Sa facture meubles du 6 Juin	1	450 00	
	Règlement de sa facture	1	" "	450 00
	- - - - - - - - - - - - - - - -			
	- - - - - - - - - - - - - - - -			
	- - - - - - - - - - - - - - - -			
	- - - - - - - - - - - - - - - -			
Juillet 1er	M. X. Propriétaire rue ..... Paris			
	Son loyer d'avance à échéance ce jour	1	275 00	
	Règlement de son loyer	1	" "	275 00
	- - - - - - - - - - - - - - - -			
	- - - - - - - - - - - - - - - -			
	- - - - - - - - - - - - - - - -			
	- - - - - - - - - - - - - - - -			
	- - - - - - - - - - - - - - - -			
	Matériel - Marchandises			
Juillet 1er	Matériel Bureau suivant facture Dupont	2	450 00	
"	Registres et papiers suivant facture Durand	3	375 00	
"	Marchandises comptant du 25 Juin	4	37 50	
	- - - - - - - - - - - - - - - -	"	" "	
31	Règlements suivant livre de Caisse n°s 1. 3. 5. 7. 9. 11. 13		" "	862 50

Grand Livre (Suite)

Caisse.

		N° du Journal	Doit		Avoir	
1915 Juillet 1er	Opérations de ce jour	I	8100	00	1334	50
	Balance		"	"	6765	50
	Égalité		8100	00	8100	00
2	À nouveau ce jour	II	6765	50	"	"
	- - - - - - - - - - - -		"	"	"	"
	- - - - - - - - - - - -		"	"	"	"
	- - - - - - - - - - - -		"	"	"	"

FICHES D'EMPLOYÉES ET OUVRIÈRES

Il s'agit des fiches d'adresses et de renseignements concernant les futures protégées.

Date d'admission	Profession	Adresse	Recommandation
Juillet 1er 1915	Sans profession	Madame G. Delamarre rue - - - - - - - - - - - - - Paris (11e)	Madame X - - - - rue - - - - - - - - - - - - - - Paris
	Age Lieu de naissance Date	24 ans Paris (Mairie du 11e) 10 Juillet 1891	**Certificats** Néant
	Etat civil	Veuve (Mari tué à ...... le ...... ou célibataire ou Mariée	
	Enfants	1 garçon 3 ans 1 fillette 2 ans 1 fillette 1 an	
	Situation précédente	Néant	**Placement par:** Madame B .... (Sociétaire du Comité)
	Aptitudes	Sait broder Connaît un peu la Mode Bonne lecture Petite instruction	
	Moralité	Excellente, bonne réputation dans le quartier	**Travaux fournis par:** La maison X .... (Lingerie)
	Ressources	Limitées	
	Renseignements divers	Occupations assurées jusqu'au	- - - - - - - - - - - - - - - -

Observations. — Ces fiches ainsi établies et classées dans l'ordre alphabétique, premettront d'y recourir dans les différents cas suivants :

I. — En vue de travaux à signaler, correspondants à la profession de l'intéressée;

II. — En vue d'un emploi réclamé au Comité par un établissement quelconque;

III. — En vue de renseignements demandés sur les aptitudes et la moralité de l'intéressée.

Ce système de fiches se recommande donc à tout égards, mais il sera utile de les dresser avec le plus grand soin.

D'autre part, les Comités s'inspireront d'une grande largeur de vues en ce qui touche les conditions d'existence de leurs protégées, car ce serait commettre une faute que de se désintéresser de certains cas particuliers; et d'ailleurs, en général, les questions de détails seront éludées le plus possible, car avant tout l'objectif des Comités doit se résumer en ceci :

Exercer leurs bienfaits partout où la nécessité leur sera révélée, sans distinction comme sans faveur. De cette façon, ils éviteront les méprises et plus particulièrement les injustices. Or, commettre une injustice notamment à l'égard des faibles, n'est pas excusable.

LES FICHES COMMERCIALES

Ces fiches contiendront toutes les indications relatives aux adresses et renseignements des administrations, établissements industriels et commerciaux grands hôtels, et restaurants, etc., susceptibles de solliciter des employées parmi les protégées des Comités, ou de leur procurer des travaux de toute nature :

Exemples :

Administration de . . . .
. . . .
Téléphone N° . . . .
Services du Personnel (Monsieur X . . . . Directeur)

Nature des Emplois

Dactylo-Sténo.	Appointements	"
Comptables	"	"
Aides comptables	"	"
Expéditionnaires	"	"
Emplois secondaires	"	"
Manutentionnaires	"	"

Nature des Travaux
(Adjudications en Mars, Juillet, Novembre)
Téléphone N°
Monsieur Z Chef de service)

Vêtements	Prix de série	"
Capuchons	"	"
Casquettes	"	"
Équipements	"	"
Étuis	"	"

Adjudicataires habituels:
Monsieur B . . . . . . négociant rue . . . . Paris
Monsieur C . . . . Équipements . . . . "
Monsieur D . . . . . . Vêtements en gros . . . . "

Réceptionnaires de l'Administration:
M . . . . . X . . . . rue . . . .
Réceptionnaire de M. B . . . . .
" M C . . . . .
" M D . . . .

Conditions de Règlement . . . . .

Observations et Renseignements

Établissement Dupont & Cie — Rue .... — Paris.

Adresse télégraphique ....
Téléphone ....
Directeur M^r C ....
Contre-Maître M^r P ....

Heures de Réception :
Matin 9 à 11^h
Soir 3 à 6^h

Spécialité de Fabrication :

	Prix courants	Modèle	Modèle	Modèle
Blouses	Prix courants	"	"	"
Culottes	"	"	"	"
Chemises	"	"	"	"
Caleçons	"	"	"	"
Faux cols	"	"	"	"

Adjudicataire habituel de :
L'Assistance Publique
Administration X

Observations.
Spécialité d'articles bon marché
Fabrique beaucoup les chemises et faux cols
Article recommandé : La Blouse
Exigeant sur la confection
Chiffre d'affaires annuel environ 300.000^f

Conditions :

Exiger une augmentation de ..... sur ....

Délégué

Madame V. .... sociétaire

Règlements : Le Samedi 17 heures

Renseignements particuliers :

Grand Hôtel des Bains de X..........

Monsieur R...... Directeur
Téléphone .... Gérant M....Z......

1er Ordre

Hôtel Restaurant 200 chambres

Personnel employé

Nombre				
	Caissière	Appointements	"	"
	Comptables	Appointements	"	"
	Magasiniers	"	"	"
	Sommeliers	"	"	"
	Garçons de salle	"	"	"
	Cuisinières	"	"	"
	Aides	"	"	"
	Femmes de chambre	"	"	"
	Femmes de ménage	"	"	"
	Fruitières	"	"	"
	Employée lavabos . toilettes	"	"	"

Annotations diverses

Avantages : - - - - - - -
- - - - - - - -
- - - - - - - -

Renseignements fournis par M. V... représentant de commerce à ...... rue ......

Durée du service : - - - - - - - - -
- - - - - - - - -
- - - - - - - - -

Clientèle : Beaucoup d'anglais
Quelques américains
Touristes, Voyageurs français
- - - - - - - - - - - - - -

Service préparé par les soins de Madame S..... (sociétaire)

Renseignements particuliers
- - - - - - - - - - - - - - - -
- - - - - - - - - - - - - - - -
- - - - - - - - - - - - - - - -

Ces quelques exemples donnent une idée, imparfaite d'ailleurs, de l'utilité de ces fiches, car à tout instant les Comités seront astreints à les consulter en vue de leur documentation personnelle et des demandes qui leur parviendront de toute part.

Ils compareront ainsi : les prix de série et de main-d'œuvre entre chaque établissement et les différentes variétés de travaux et d'emplois à réserver à leurs protégées, en un mot, toutes les indications générales, relatives aux propositions de commandes émoluments et services de placement.

Mais il est d'autres fiches encore dont nous ne parlons pas et qui auront pour but d'établir :

Le recensement de tous les modèles de travaux;

Les prix-courants de marchandises brutes françaises et étrangères nécessaires à la confection des articles de main-d'œuvre.

Les prix-courants de petit matériel d'atelier nécessaire à certaines spécialités.

Le prix de série d'imprimerie, de copie, de leçons, de cachets, etc.

En elles-mêmes, toutes ces fiches constituent un véritable enseignement; et en effet, indépendamment des indications sur la marche à suivre, elles présentent cet avantage de réunir en un bloc tous les documents propres à orienter rapidement les mesures et décisions des Comités.

Mais encore, que ces Comités se pénètrent bien de ceci :

Leur rôle ne sera pas terminé parce que leurs fiches seront mises à jour et parce que les prix de série, de façon, de main-d'œuvre seront établis. Ils leur restera beaucoup à faire au contraire, c'est-à-dire étudier et discuter les conditions proposées à fin d'augmentation, les refuser dans certains cas au nom de leurs protégées, uniquement afin d'éviter des précédents, en signaler au besoin aux Comités similaires et aux groupements intéressés, l'infériorité manifeste, et par suite, en provoquer d'un commun accord le redressement. Bref, parlementer, protester et agir, toujours courtoisement d'ailleurs, mais résolument, et sans faiblesse, et persévérer dans cette attitude dans toutes les circonstances où l'intérêt de leurs protgées l'exigera.

Et ce sera encore un des beaux côtés de leur mission, car il est manifeste que le poids de leur influence se fera sentir en toutes occasions, et qu'ils réussiront là où les isolées échoueront misérablement.

Car de nos jours, il ne faut plus que subsiste cette conception, trop longtemps mise en pratique, du travail à bon compte, et que se renouvellent ces scandaleuses exploitations de la femme par certains de ces entrepreneurs de fabrication peu scrupuleux.

Il ne faut plus que nous voyions dans ce siècle de progrès imposer à des femmes sans ressources, chargées de famille, et pour cela même, choisies à dessein, des travaux de couture ou de confection, à des conditions de famine, de ces conditions qui obligent à un surmenage de 12 à 15 heures par jour pour l'échange d'un salaire de 1 fr. 25 à 2 francs.

Cette honte doit donc disparaître, et personnellement les comités ne failliront pas à cette tâche. Ils combattront énergiquement ces spécialistes de l'exploitation humaine soit en les dénonçant aux corporations, soit en leur infligeant un boycottage en règle.

Et pour y parvenir, ils commenceront d'abord par faire leur connaissance, en s'entourant de renseignements précis auprès d'agences spéciales. Puis, il les classeront, les catalogueront et les suivront de près dans la lutte commerciale. Ils signaleront au besoin leur agissements dans les bulletins ou revues professionnelles, ce qui permettra ainsi de connaître celles des ouvrières qui ont eu à souffrir de leurs procédés, et alors s'établiront entre comités et ouvrières, des rapports de confiance mutuelle qui influeront considérablement sur la vie économique de ces dernières, parce qu'elles se sentiront efficacement protégées, parce que d'autres ressources, auxquelles seules elles ne pouvaient prétendre, s'offriront à elles tout naturellement, sans heurts et sans sacrifices, et qu'enfin elles amélioreront ainsi leur sort, digne d'autant d'intérêt que n'importe lequel de ce monde, objectif devant lequel les comités auront à cœur de ne jamais faiblir, ne jamais céder !

Une des concurrences les plus déloyales et désastreuses pour certains groupements d'ouvrières, ou ouvrières isolées, est celle relative aux travaux accordés aux détenus de prisons.

Il se trouve en effet, encore de nos jours, des entrepreneurs qui n'hésitent pas à confier leurs travaux à cette catégorie indésirable d'ouvrières, au détriment des femmes libres, pauvres, et chargées de famille.

Le remède — oh ! il est bien simple, et il appartient aux comités de s'en emparer les premiers. Il consiste en une campagne auprès des pouvoirs publics et du parlement, tendant à obtenir la suppression de tous les travaux manuels effectués dans les prisons, et obliger les entrepreneurs à accepter cette condition dans tous les cahiers de charges.

Cette campagne, poursuivie sans répit avec le concours de tous les comités de protection des villes et de province aboutirait rapidement sans nul doute; et alors, deux résultats importants et immédiats seraient obtenus :

D'abord. A la charge de l'entrepreneur, nécessité absolue d'élever ses prix d'entreprise.

Ensuite. Au profit de l'ouvrière, l'avantage d'une augmentation sensible de salaire.

On le voit donc, la question ainsi posée présente un intérêt considérable.

Elle aboutira, parce que les comités voudront que satisfaction complète soit accordée à leurs protégées dans cette voie; elle aboutira, parce que ces mêmes comités envisageront sa solution comme s'inspirant d'une très haute portée sociale, pour le principe, pour le droit à la vie.

Et si nous insistons si vivement sur ces questions, c'est que précisément nous nous trouvons, actuellement, merveilleusement placé pour nous rendre compte des nombreuses injustices flagrantes dont certaines classes moyennes et pauvres ont souffert jusqu'à ce jour; c'est un peu pour cette raison que nous n'hésitons pas à provoquer le combat économique qui va prochainement s'ouvrir, et auquel nous sommes tous intéressés à des titres différents. D'ailleurs, nous y revindrons tout à l'heure, car nous avons l'intention de poursuivre résolument cette discussion.

RAPPORTS AVEC LES CHAMBRES DE COMMERCE ET LES SYNDICATS PROFESSIONNELS

Il appartiendra également aux comités d'entretenir d'excellents rapports avec les chambres syndicales, industrielles et commerciales des groupes corporatifs, et leur intérêt commandera de faire au sein de ces groupements, des démarches fréquentes, dans le but de recueillir le plus grand nombre de renseignements possibles en faveur de leurs protégées.

Le contact qui s'établira ainsi permettra à chacune des parties de se mieux connaître, puis de s'intéresser d'avantage, d'une part aux nécessités et aux besoins des uns, et aux possibilités de production des autres, si bien que le moins à en attendre sera d'escompter une source plus régulière de travaux arrêtés par avance sur des bases étudiées, perspective qui pourra autoriser certaines préparations indispensables, comme celle par exemple d'une entreprise d'équipements, nécessitant un outillage et un personnel déterminé, à une date fixée.

Indépendamment de ces rapports, les comités s'autoriseront de leur mission, pour se créer des attaches ou relations auprès de certains conseils administratifs, en vue de se renseigner sur telle et telle adjudication en projet, ou commandes urgentes, d'une exécution pratique; en outre, ils se documenteront auprès des chambres de commerce, de consuls étrangers, des membres du comité du commerce extérieur, d'agents de douane, etc., sur toutes espèces d'articles et marchandises ouvrées, intéressant les corporations placées sous leur protection.

C'est-à-dire, en un mot, qu'ils chercheront en utilisant toutes les voies praticables mises à leur portée, à s'intéresser à tout, à prendre note de tout, à accaparer toutes informations et renseiments et indices propres à servir et défendre les intérêts généralement quelconques de leurs protégées, et ce faisant ils se souviendront que pour être forts et pour prendre nettement position sur le terrain économique, il leur sera nécessaire de rester constamment unis, bien organisés, prévenus et expérimentés enfin, sur tous les sujets soumis à leur examen et leur activité.

NOUVELLES CONDITIONS DE TRAVAIL

Enfin, dans un autre ordre d'idées, il est hors de doute que dans diverses corporations les conditions du travail seront appelées à une modification sensible, c'est-à-dire qu'elles seront remplacées probablement par un système de convention, déjà en vigueur d'ailleurs, celui du contrat de travail liant pour une durée déterminée et les patrons et les employés et ouvriers des deux sexes.

Par ce système, chacune des parties se trouvera engagée, après exemen et discussion approfondis des intérêts opposés, à exécuter ponctuellement les obligations consenties, de telle sorte qu'aucune surprise ni le moindre préjudice ne puissent trouver libre jeu dans les rapports communs, et qu soient assurées pour les uns, une production intensiv délimitée, et pour les autres, une part de bénéfice proportionnelle à la production obtenue.

De la sorte, cette participation aux bénéfice améliorera sans nul doute les rapports entre les inté ressés; la grande production y gagnera d'abord, a profit du chef d'établissement; mais au même titr les producteurs eux-mêmes c'est-à-dire les employé y trouveront largement leur compte, et ainsi ser réalisée, sans secousses, cette entente cordiale d patron et de son personnel, si longtemps souhaité

Les Comités s'efforceront donc, autant qu'il ser en leur pouvoir, d'orienter leurs efforts vers ces solu tions. Ils y parviendront sans conteste, s'ils s'y emploient résolument, et ce sera pour eux un satisfaction d'amour propre très grande que d'abouti là où tant d'autres ont échoué.

Cette conception a fait ses preuves d'ailleurs. Ell doit et peut être adoptée dans de nombreux cas C'est la bonne méthode et qui ne sera contestée qu par ceux qui ne veulent pas entendre. Aussi bien qu ces derniers en fassent l'essai, et ils jugeront pareil lement, nous en sommes convaincu.

DE LA CORRESPONDANCE

La correspondance de Comités formera nécessairement la partie principale de leur emploi d temps et il conviendra d'assigner à cette occupation celles des sociétaires particulièrement compétentes, et possédant une certaine pratique de la formule et de la rédaction.

En principe, ces dernières s'inspireront de la façon de s'exprimer des administrations et établissements commerciaux avec lesquels ils se trouveront en rapport, mais encore elles agiront sagement, en préparant d'abord leurs locutions, et surtout en se montrant particulièrement mesurés et réservés dans leurs engagements au nom de leurs protégées.

Nous allons d'ailleurs indiquer ci-dessous, quelques formules de correspondance susceptibles d'être couramment employées.

I

A Monsieur le Directeur,
des Services Administratifs de ...
Rue ..... »
Paris.

« MONSIEUR LE DIRECTEUR,

« Nous vous serions obligées de nous communiquer,
« afin d'examen, la liste complète des fournitures,
« que votre administration emploie normalement,
« et nous dire à quelle époque vous comptez procéder
« à une adjudication de ces fournitures.

« Il nous serait également agréable de connaître
« les adresses des adjudicataires ou fournisseurs
« habituels de vos services, en vue de rapports que
« nous désirons entretenir avec ces derniers.

« Avec tous nos remerciements. Nous vous prions d'agréer, Monsieur, nos salutations distinguées.

« *P. la Présidente*,

« Mme X .....,

« *Secrétaire* ».

II

Ou bien, au même.

« Monsieur le Directeur,

« Nous avons l'honneur de vous informer que « nous sommes en mesure de vous procurer un « certain nombre de sténo-dactylo, aides-comptables « et manutentionnaires sur lesquelles nous possédons « les meilleurs renseignements.

« Notre Comité ayant pour mission principale « de faciliter à nos protégées, la recherche d'emplois « et de travaux manuels, nous sommes convaincus « que vous voudrez bien en toute occasion faire appel « à notre concours, et par avance nous vous en « exprimons nos sincères remerciements.

« Entre temps, veuillez agréez, Monsieur, etc.

« .... »

III

LETTRE A UN NÉGOCIANT

Monsieur C. V ......,

Négociant,

Rue ......, *Paris*.

« Monsieur,

« Il nous revient que vous vous êtes rendu, tout

« récemment, adjudicataire d'une importante four-
« niture de ...... pour le compte de l'adminis-
« tration de ....

« Or parmi nos protégées, nous en possédons un
« certain nombre parfaitement capables d'exécuter
« la partie de cette fourniture qui comprend ......

« Veuillez donc, s. v. p., nous dire dans quelles
« conditions vous pourriez, le cas échéant, leur
« confier ces travaux et dans quel délai la livraison
« devrait en être effectuée.

« Si vous le désirez, nous vous adresserons
« Madame X.., notre déléguée, qui s'entretiendra
« avec vous de la question, au nom de notre comité.

« Dans l'attente, recevez, Monsieur, etc. »

« ...... »

IV

LETTRE A UN INDUSTRIEL

Monsieur C. S....
Industriel,
Avenue........
Rouen.

« Monsieur,

« Nous serions disposées à nous intéresser à l'étude
« d'un article que vous fabriquez en série, lequel
« d'après nos premiers renseignements, exigerait
« quelques aptitudes spéciales.

« Possédant parmi nos protégées quelques pro-
« fessionnelles particulièrement douées pour un
« travail de ce genre, voudriez-vous nous adresser

« en gare de...... quelques modèles types de « cet article, ou à défaut, nous autoriser à les faire « prendre par une de nos déléguées, lors de son « prochain voyage à Rouen.

« Dans ce cas nous vous serions obligées de réserver « à cette dame le meilleur accueil.

« Et à vous lire, veuillez,........ etc. »

« .... »

V

RÉPONSE A UNE OFFRE DE TRAVAUX

Monsieur X......,
Négociant,
Rue..........

Paris.

« MONSIEUR,

« Nous venons de procéder à l'examen des prix « de façon que vous nous avez indiqués par votre « honoré du.... mais nous estimons que ces con- « ditions, en particulier pour la confection des.... « devraient être relevées, et portées à....

« En effet, à différentes reprises déjà, nous avons « obtenu de maisons similaires à la vôtre, des « conditions entièrement identiques, et pour des « articles qui exigeaient moins de soins et de « fabrication; or, bien que nos protégées soient très « disposées à continuer à travailler pour votre « compte, nous regrettons de ne pouvoir prendre « en leur nom de tels engagements, d'une part « parce que ces travaux les livreraient pour un

« temps par trop éloigné, et d'autre part parce « qu'elles perdraient ainsi le bénéfice d'occupations « plus rémunératrices, qui leur sont actuellement « proposées pour le 15 de ce mois.

« Nous vous serions obligées pour la bonne règle « de nous faire tenir votre réponse par un prochain « courrier.

« Et tout dévouées à vos ordres....

« Nous vous prions..........

« .... »

VI

LETTRE A UNE SOCIÉTÉ INDUSTRIELLE DE FABRICATION

Monsieur le Directeur de la Société X....
Boulevard........
Amiens.

« Monsieur,

« Nous sommes en possession de votre estimée « du.., dont le contenu occupe notre meilleure « attention, et à laquelle nous nous empressons de « répondre.

« Bien que d'une part, les objets dont vous nous « proposez la création, soient quelque peu difficul- « tueux d'exécution et que d'autre part, vos condi- « tions de façon soient très limitées, nos spécialistes « de cette fabrication nous autorisent à les charger « d'une centaine de........ aux prix de votre « lettre du .... c'est à dire :

« 1° ....

« 2° ....

« 3° ....

« Livrables courant de ce mois, (par expédition « à vos frais en gare départ de..) (ou à vos maga- « sins). Règlement (en espèces aux mains d'une « personne que nous vous désignerons ultérieure- « ment,) ou en mandat-poste que vous voudrez « bien nous adresser après expédition.

« Nous sommes persuadées que cette fourniture « sera prochainement suivie d'autres, l'habileté de « nos protégées vous étant parfaitement connue. « Toutefois nous nous réservons, pour le cas où « ces dernières nous y obligeraient, à vous réclamer « dans l'avenir une légère augmentation de prix, « laquelle, nous l'espérons, sera librement consentie « par vous.

« Dans l'attente, etc.

« .... »

VII

LETTRE A UN COMITÉ DE BIENFAISANCE

Madame la Présidente
du Comité de Bienfaisance
de......

« MADAME LA PRÉSIDENTE,

« Nous vous serions très reconnaissantes de nous « faire connaître si parmi les sociétaires de votre « comité figurent des Dames, désireuses de s'atta- « cher soit pour elles-mêmes, soit pour l'éducation « de leurs enfants, ou une dame de compagnie, « ou une dame professeur de langue anglaise.

« Nous disposons en effet parmi nos protégées « d'un certain nombre de femmes de bonne éducation « très éprouvées du fait de la guerre, et auxquelles « nous sommes profondément attachées. C'est « vous dire avec quelle satisfaction nous recevrions « de votre part une réponse favorable à leur cause.

« Vous voudrez bien nous excuser de retenir « ainsi votre attention, et quoique vous puissiez « faire,

« Croyez par avance, Madame la Présidente, « à toute notre sympathie. »

« ...... »

VIII

LETTRE AU COMITÉ CENTRAL DE PROTECTION

Madame la Présidente
du Comité Central de Protection de la femme
Rue........,
Paris.

« MADAME,

« Vous trouverez sous ce pli une série de demandes « qui nous parviennent de différentes maisons « de confection, et pour lesquelles nous manquons « d'informations.

« Voudriez-vous nous faire connaître par un « prochain courrier :

« 1° A quels prix nous pourrions accepter la « fabrication de...... pour fillettes et garçonnets « (Question A);

« 2° La commande étant liée pour une quantité

« déterminée de ...... dans quelle proportion « vos comités de (indiquer la région) pourraient « s'engager dans l'exécution. (Question B.)

« Enfin, nous désirons savoir si parmi les propo- « sitions de travaux qui sont signalés par les Comités « de la région de ... figurent :

« L'article broderie;

« Les jouets (article c);

« Les abat-jour. (Modèles v et d).

« Si oui, vous nous obligeriez en nous commu- « niquant tous les renseignements que vous possédez « sur ces questions.

« Entre temps, nous vous prions d'agréer, Madame « la Présidente, avec nos remerciements anticipés, « nos salutations très distinguées.

« *P. la Présidente,*

« (Signature.) »

IX

LETTRE A UN ÉTABLISSEMENT D'OUTILLAGES

Monsieur le Directeur
des Établissements P. et Cie
Rue .....
Paris.

« Monsieur,

« Votre catalogue de ... daté du ... comporte « une série de machines à écrire, marque X, dont « 2 modèles, série a et b, nos 17 et 25, sont suscep- « tibles de nous intéresser.

« Nous serions assez disposées à vous confier une « partie de la commande que nous préparons à « cette intention, mais nous relevons pour la « machine modèle b, une différence assez sensible « de prix, représentant fr. 12, d'avec le même « modèle d'une maison concurrente.

« Dans ces conditions, nous ne pourrions vous assu- « rer l'ordre en ce qui concerne ce modèle de machine « que si vous pouviez nous consentir une réduction « équivalente, au chiffre que nous vous indiquons.

« Dans l'attente de vous lire nous vous présentons « Monsieur, nos salutations empressées.

« ..... »

X

LETTRE A UNE MAISON DE COMMERCE POUR UNE DEMANDE DE RENSEIGNEMENTS

« Monsieur,

« En vue de compléter nos renseignements sur « des prix-courants d'imprimés, nous avons besoin « de connaître quelques-unes des conditions qui « vous sont faites par vos fournisseurs habituels.

« Voudriez-vous donc avoir l'obligeance de « répondre au questionnaire que nous vous soumet- « tons d'autre part.

« Nous vous en serions très obligées, et en attendant « votre réponse,

« Nous vous prions de croire à nos sentiments « dévoués.

« *La Présidente du Comité,*

« X... »

En somme, toutes ces formules de correspondances commerciales sont fort simples, il suffit qu'elles soient claires, expriment en quelques phrases la pensée, mais révèlent en même temps le désir et la volonté de leur auteur.

Car, en effet, ce qui doit souvent dominer dans le style d'une correspondance intéressée, c'est surtout l'esprit de fermeté et de résolution arrêtées, la volonté calculée d'obtenir et de réaliser, le tout précisé sous une formule brève et concise, mais toujours correcte et bien inspirée.

CHAPITRE VII

Considérations générales sur l'Influence des Comités

L'ensemble du programme que nous venons de tracer apparaîtra peut-être assez comblé aux futurs sociétaires de ces Comités, sans qu'il soit besoin d'y ajouter encore de nouvelles charges, c'est-à-dire des éléments supplémentaires d'organisation, d'information et autres.

Et cependant la mission de ces œuvres de protection serait incomplète, si nous n'y ajoutions quelques autres rôles, secondaires ceux-là, au bénéfice de leurs protégées. Nous voulons parler de ces préoccupations d'ordre privé, auxquelles de nombreuses femmes seules vont se trouver assujetties, et qui consistent en de nombreuses questions relatives à leurs loyers, contributions, patentes, charges, ventes et achats de fonds, héritages, partages, droits de successions, etc.

Évidemment, ces sujets variés dépassent quelque peu la compétence d'un Comité nouveau-né, mais il en est de ces questions comme de tant d'autres, elles s'apprennent; et puis il est un excellent moyen, dans une circonstance de ce genre, de tourner la difficulté, c'est tout simplement de faire appel à un conseil, un avocat, un ancien magistrat, très dévoué, désintéressé et intentionnellement attaché comme membre honoraire au Comité.

Rien n'est plus simple à l'aide de ce précieux concours d'envisager des résultats pratiques, des solutions rapides et peu coûteuses, de rendre enfin des services de tous genres toujours intéressants et parfois importants, pour la cause des intéressées.

Dès lors, là encore, à la suite d'affaires instruites par les soins de ces spécialistes les Comités n'auront garde de manquer de recueillir et classer tous les détails et renseignements relevés sur les notes et documents établis par ces derniers, et ainsi tout naturellement, leurs archives s'enrichiront de nouveaux éléments d'information, dont ils feront usage ensuite personnellement et sans autre recours.

Donc ces questions, dans leur ensemble, valaient d'être posées; aussi bien puisqu'il apparait qu'elles présentent réellement un certain intérêt, nous allons en passer quelques-unes en revue, revue qui quoique sommaire, comportera pour les Comités une première phalange d'indications.

DES LOYERS A PARIS

Passons d'abord aux loyers. A Paris l'usage pour les petits loyers (de logements et d'appartements) est le paiement par avance de chaque terme, celui du 8, qui s'entend les 8 janvier, avril, juillet et octobre, l'autre le 15 des mêmes mois.

Les chambres meublées ou non meublées se paient à la semaine ou au mois. Les impôts sont à la charge du propriétaire, seules quelques charges de ville, d'importance minime (1 fr. à 2 fr. 50) par trimestre, sont ajoutées au loyer.

Il est difficile évidemment de fournir ici des indications précises sur ces prix de loyers, notons seulement que dans les quartiers éloignés du centre, 11e 12e, 13e, 15e, notamment, on trouve assez facilement des logements de 2 pièces et une cuisine entre 32 et 40 francs par mois, soit de 95 à 120 francs par trimestre, des appartements de 3 à 4 pièces, cuisine et cave entre 135 et 150 francs par trimestre, des chambres non meublées entre 15 et 20 francs par mois, et meublées de 25 à 35 francs par mois, non compris le « denier à Dieu de la concierge lors de l'entrée en jouissance, qui varie de 2 à 5 francs.

Pour trouver un loyer, on peut ou s'informer auprès des concierges directement ou par l'intermédiaire d'agences dont on trouvera les adresses dans le Bottin de Paris.

Mais les Comités disposeront à cette intention de listes ouvertes où leurs protégées pourront puiser à tout instant. Il sera facile à ces Comités de se procurer leurs renseignements auprès des concierges directement, au moyen de circulaires spéciales qu'ils leurs adresseront dans leur secteur, circulaires ainsi conçues ou à peu près :

« MADAME,

« Nous vous prions de nous tenir au courant « à dater de ce jour, de toutes les vacances qui « pourraient se produire dans votre immeuble, « lors de chaque terme, mais seulement en ce qui « concerne :

« 1° Les chambres meublées d'un loyer de 25 à « 35 francs, et non meublées, de 15 à 20 francs.

« 2° Les logements de 95 à 120 francs par trimestre.

« Nous escomptons, en effet, que des demandes « pourront nous être adressées tôt ou tard par certai- « nes de nos protégées et nous désirons par avance, « nous trouver en mesure de leur procurer rapidement « satisfaction.

« Avec nos remerciements,

« Veuillez agréer, Madame, etc.

« *La Présidente*,

« Mme X .... »

LOYERS DE PROVINCE ET DE CAMPAGNE

La question ne peut être résolue ici car les usages et conditions sont tellement variés que les renseignements ne pourraint éclairer suffisamment les intéressées.

Il suffit que les Comités de ces régions se munissent dès leur formation, de toutes les indications nécessaires de façon à disposer sans de longues recherches d'une situation approximative des disponibilités du moment.

Les services qu'ils rendront ainsi seront fort appréciés de leurs protégées, et d'ailleurs les comités seront très probablement personnellement pressentis directement par de nombreux propriétaires, particulièrement si ces derniers sont informés, comme il conviendra qu'ils le soient, de l'intérêt que l'œuvre porte à ses obligées.

LOYERS ÉCHUS PENDANT LA GUERRE

D'autre part, en ce qui touche le règlement des loyers échus pendant la guerre, aucune décision n'ayant été prise à la date du 1er avril 1915 par le Gouvernement, il conviendra d'attendre la fin des hostilités, avant d'en effectuer le règlement, aussi bien pour les femmes des mobilisés que pour celles qui ont souffert indirectement de la guerre, et ce qu'il s'agisse de logements, d'appartements, maisons de commerce, maisons bourgeoises, fermes, usines et ateliers.

Pour celles des femmes qui auraient absolument besoin d'être fixées au plus tôt sur leur sort, celles-ci pourraient s'adresser directement :

Soit à la direction d'un journal;
Soit à leur député;
Soit à leur conseiller général;
Soit au maire de leur commune;

Par une lettre ainsi rédigée :

« Monsieur le......

« Mon mari étant mobilisé depuis le début de « la guerre, et n'étant pas en mesure de faire face « à notre loyer, je vous serais reconnaissante de « vouloir bien me fournir à ce sujet des indications, « afin que je puisse continuer la location de mon « .... sans difficultés avec mon propriétaire.

« Je vous remercie sincèrement à l'avance.

« Et veuillez agréer, Monsieur,...... etc. »

Pour plus de sûreté adresser cette même lettre aux 4 personnalités ci-dessus.

IMPÔTS ET PATENTES

La contribution personnelle et mobilière, assujettit tous ceux qui ont un domicile fixe et y sont installés avec des meubles, matériel, marchandises, etc. Elle frappe les intéressés en proportion de leur loyer et de l'importance de la ville ou du village qu'ils habitent.

Aucune indication précise sur le montant de ces contributions ne pouvant être donnée ici, nous ne fixerons donc aucun chiffre, même approximatif, qu'il suffise de savoir que les impôts en général sont établis par les soins d'un contrôleur des contributions directes de l'arrondissement, et non par le percepteur, qui seul a mission de les encaisser.

C'est-à-dire qu'en cas de réclamation sur l'assiette de l'impôt, les contribuables ne doivent pas s'adresser aux percepteurs, mais ou au contrôleur, ou à la préfecture de leur département.

Des formules de réclamation sont d'ailleurs indiquées au dos des feuilles d'imposition, et les réclamants n'auront qu'à les consulter pour exercer leurs droits, s'ils estiment qu'ils sont inexactement imposés, ce qui arrive quelquefois.

La patente est également un impôt qui intéresse les commerçants, industriels, chefs d'atelier, entrepreneurs, etc, tous ceux en un mot qui exploitent un commerce ou entreprise quelconque.

Ici également, sa taxation diffère suivant l'importance des affaires et la ville ou le bourg habité. Les réclamations se font sous la même forme et à la même adresse.

En raison de la guerre, les femmes des mobilisés, même celles qui continuent l'exercice du commerce ou de l'exploitation entrepris en commun avec le mari, seront exonérés très probablement d'une grande partie ue leurs contributions. Pour se renseigner exactement, elles s'adresseront à la préfecture, ou s'inspireront des renseignements officiels publiés par les journaux.

En ce qui touche es patentes de 1915 il a été décidé officiellement en février 1915, que les appelés sous les drapeaux, ou ceux et celles dont le personnel a été mobilisé, bénéficieraient de l'exemption de l'impôt, pour les mois pendant lesquels ils n'auront pu exercer leur profession.

Les Comités sauront d'ailleurs s'entourer de tous les renseignements indispensables, de manière à tenir au courant leurs protégées de toutes ces questions.

VENTES ET ACHATS DE FONDS DE COMMERCE

Dans toutes les villes et bourgades, de nombreux petits commerces sont exercés par des femmes, hors l'ingérence du mari, occupé souvent à d'autres emplois, si bien que de ce chef, la situation de la femme devenue veuve, se trouvera évidemment moins obérée que certaines autres.

Il est naturel que tous celles des femmes auxquelles les moyens pécuniaires permettront d'acheter ou créer un atelier, une petite industrie, ou un moyen commerce, agiront intelligemment en s'orientant dans cette voie, mais il est également certain qu'elles ne devront le faire, qu'autant qu'elles seront suffisamment averties et renseignées sur les résultats à en attendre.

Se documenter à fond avant de rien tenter, sera donc la première préoccupation à observer, et pour cela les femmes ont à leur disposition plusieurs éléments d'information.

1° Les agences anciennes de renseignements (voir le Bottin).

Nota. — Celles-ci aboutiront là où une bonne volonté quelconque échouera ou presque. Ces établissements spéciaux disposent en effet de nombreuses ressources à ce point de vue; ils s'infiltrent partout, sont versés dans la connaissance de tout ce qui se rattache aux enquêtes, informations, etc, et par conséquent sont merveilleusement outillés pour entreprendre ce genre de recherches.

Mais encore ne s'adresser qu'à des établissements de 1er ordre, et au besoin leur écrire préalablement dans ce sens.

« Monsieur,

« Il est possible que je sois amené à vous charger « d'une enquête relative à l'achat d'un fonds de « papeterie situé dans la ville de ... mais au « préalable je vous serais obligé de me communi- « quer quelques références ou maisons de commerce, « avec lesquelles vous avec eu déjà des rapports « de ce genre.

« Veuillez agréer, etc.

« ... »

2° Les fournisseurs ou commerçants du quartier de l'intéressé, qui en relations de loin ou de près avec ce dernier, fourniront sur lui quelques détails qu'il sera bon de retenir;

3° La publication dans un grand journal ou bien l'envoi d'une lettre à l'adresse d'un spécialiste, avocat notamment, attaché à un journal de mode. Celui-ci pourra, sinon renseigner exactement, du moins indiquer la meilleure marche à suivre;

4° Les Comités de protection qui voudront bien accorder leur concours après l'inscription sur leurs listes de l'intéressée;

5° Enfin la démarche directe auprès du titulaire du fonds. Mais en principe le moyen n'est bon qu'a la condition d'une information préalable sur la maison.

L'achat d'un fonds exige donc une étude approfondie. Certes il en est de bons, de très bons même, mais il en existe également de bien mauvais. Or se méfier par avance des apparences, toujours se méfier, telle est la ligne de conduite à observer pour les femmes manquant d'expérience.

Il est aussi d'usage dans certaines villes, d'effectuer ces sortes d'achats, sous condition suspensive, c'est-à-dire à l'essai. Pendant un ou deux mois, le vendeur s'engage à rester avec l'acheteur, pour sa mise en courant, et après ce délai, à la convenance de l'acheteur, la promesse de vente est ou réalisée, ou résiliée.

Ces promesses de vente qui précèdent le contrat définitif, doivent être rédigées sur timbre, et enregistrées.

Pour la rédaction de ce contrat :

Ou bien s'adresser, au dit avocat attaché au dit journal de Mode quelconque, lequel moyennant un prix réduit vous le préparera et l'adressera.

Ou bien solliciter d'un commerçant établi dans la même ville, et dans un quartier opposé, une copie de son propre contrat, avec quelques indications de détail à l'appui, puis rédiger soi-même.

Ces moyens sont peu coûteux et par suite à la portée des petites bourses.

Les règlements peuvent s'entendre échélonnés c'est-à-dire moitié à la signature, et le reste par traites mensuelles.

Enfin un inventaire des marchandises est à établir en double et également sur timbre. Pour cette opération choisir un gros ou moyen commerçant de la partie, auquel des honoraires variant de 20 à 50 francs seront dûs — celui-ci se chargera de la rédaction.

L'enregistrement de ces 2 actes aura lieu dans les dix jours de la signature au bureau de l'enregistrement et du timbre de l'arrondissement ou du canton des domiciliaires.

HÉRITAGES, PARTAGES, DROITS DE SUCCESSION

Après la guerre, beaucoup de femmes vont très malheureusement se trouver dans la nécessité de régulariser leurs affaires personnelles du fait du décès de leur mari ou de leur père, et il y aura lieu pour elles, d'y procéder dans un délai de six mois, suivant la nature et l'importance de ces affaires.

Celles qui sans enfants, possédaient par exemple en commun avec leur mari un immeuble, une terre, un magasin, un atelier ou une ferme, seront peut-être sollicitées par les parents du défunt, de procéder à un arrangement, et dans ce cas il conviendra qu'elles soient fixées très exactement sur leurs droits et obligations vis-à-vis de ces derniers.

En principe, quand il s'agit de biens mobiliers, de marchandises et valeurs, cet arrangement peut-être réalisé amiablement, c'est-à-dire sans le concours d'un notaire. Un ancien principal clerc de notaire, un établissement spécial d'affaires peuvent parfaitement y procéder sous des conditions d'honoraires à fixer d'avance.

L'essentiel est que les parties soient d'accord et s'inspirent et de la loi et des conventions établies par un contrat de mariage, et documents authentiques existants.

Des cas multiples peuvent se présenter, nous allons en examiner quelques-uns.

I

Les époux étaient mariés avec contrat. Leur apport consistait en mobilier et valeurs s'élevant pour le mari à 2000 francs, pour la femme à 4000 francs. Au décès, nous l'avons dit, pas d'enfants, et pas de commerce, ni engagements.

Ici, et avant tout, la femme a droit à l'exercice de ses reprises lesquelles sont privilégiées, c'est-à-dire que contre ces reprises les créanciers ne peuvent rien, si celle-ci n'est pas engagée personnellement.

Si l'actif est insuffisant, pas d'opérations, et la femme reste maîtresse de ce qui reste dépendre de la communauté.

II

Si au contraire l'actif dépasse de beaucoup les reprises de la femme, il y a lieu, sur la demande des parents du défunt, à partage, et on y procède comme suit, (toujours dans le cas où il n'existe pas d'enfants ni donation mutuelle).

Exemple :

Actif au décès :	
Marchandises, valeurs (mobilier excepté) net	12.000 »
Dot de la femme	4.000 »
Reste	8.000 »
Dot du mari revenant aux parents	2.000 »
Différence	6.000 »
Dont la moitié pour la femme est de	3.000 »
Plus à nouveau, au profit de la femme, l'usufruit du 1/4 de la portion revenant aux héritiers du mari ci	750 »

Ces chiffres comportent bien entendu la déduction du passif.

Quant au mobilier, si le contrat ne contient aucune désignation de son origine, mais seulement une estimation supposée de 400 francs pour l'un et de 1.200 francs pour l'autre, la reprise estimative s'exerce de la même façon, soit par la femme jusqu'à concurrence de son apport, et par les héritiers pareillement, pour l'apport du mari; quant à la valeur du surplus, il reste dépendre de la communauté, mais en pratique, on convient d'en laisser la totalité à la veuve ainsi que les marchandises et valeurs, à charge par elle de verser aux héritiers, une somme fixe déterminée.

Mais aussi il peut arriver que le passif soit assez élevé pour dispenser d'une liquidation. Dans ce cas le mieux à faire pour les héritiers est de laisser les choses en l'état, et par conséquent, la femme en paix. Puisse cette solution aboutir d'ailleurs, de préférence à toutes dans ces circonstances.

Au surplus, s'il en était autrement, la femme devrait se ressaisir, s'inquiéter de sa siuation et des moyens d'y parer, auprès de ceux dont nous parlions tout à l'heure.

Les Comités de leur côté, envisageront les moyens de protéger ces catégories de femmes, qui bien que petites commerçantes, sont souvent au même titre que beaucoup très intéressantes. Le tout est de discerner et faire preuve d'une grande largeur de vues. Toute la question est là. Nous en reparlerons d'ailleurs tout à l'heure.

III

Quand les époux sont mariés sans contrat, tout l'actif au décès, y compris les réalisations faites en commun pendant le mariage rentre dans la communauté, et lors du règlement de la succession, déduction faite du passif, on procède comme suit :

Actif	1.800 »
Passif	600 »
Reste	1.200 »
Dont la 1/2 pour la femme	600 »
Plus l'usufruit du quart de la portion revenant aux héritiers du mari	150 »

Mais encore tout dépend de l'avoir, car tous ces chiffres constituent seulement des indications, et non des données absolues.

IV

Enfin, quand la femme subsiste avec un ou plusieurs enfants, en règle générale pour les petites fortunes ou moyens commerces, les choses demeurent en l'état, la femme ayant droit à la jouissance entière de la part revenant à ses enfants, sous la surveillance d'un subrogé-tuteur.

En cas d'exigence chez les héritiers du mari, on procède alors à un inventaire notarié, et on limite là la procédure, car une liquidation est toujours fort coûteuse, et comme elle n'est demandée quand elle l'est, que par les héritiers adverses, ceux-ci doivent contribuer aux frais, sans pour cela recueillir le moindre avantage immédiat.

Nous le répétons, en principe, dans les petites affaires, un inventaire suffit à régulariser une situation de ce genre, quand, bien entendu, les héritiers l'exigent.

Mais en tout état de cause, lorsqu'il s'agit de matériel et de marchandises, une déclaration de succession doit être faite à l'enregistrement de l'arrondissement ou du canton, et ce dans les 6 mois du décès. Dans ce cas s'adresser aux spécialistes indiqués tout à l'heure.

La déclaration de succession est une sorte de bilan d'inventaire, dressé sur papier libre, et établissant l'actif et le passif d'un *de cujus*; l'actif, c'est-à-dire ses biens meubles, valeurs, terres et immeubles; le passif, c'est-à-dire ses dettes et les reprises de sa femme.

Si la déclaration accuse un passif plus élevé que l'actif il n'y a pas lieu à perception; au contraire si l'actif domine, l'enregistrement perçoit des droits gradués, suivant la parenté des héritiers.

En résumé la préoccupation première au point de vue de la régularisation d'une succession est de s'inquiéter auprès de spécialistes des formalités à accomplir, même sans y être invité par les héritiers adverses et ce afin de se mettre en règle avec l'enregistrement.

VI

Enfin quand une succession comporte en dehors de valeurs mobilières et marchandises des immeubles fermes, industries, terres, bois, etc., le concours d'un notaire ess indispensable pour la régularisation de la situation. Nous n'avons pas à en parler ici, la question sortant du cadre que nous nous sommes tracé.

Notes spéciales concernant les successions des militaires décédés et les militaires qui héritent; ces décisions officielles étant parues après la rédaction de cet ouvrage, nous nous empressons de les publier ici, à titre d'indication :

LES SUCCESSIONS DES MILITAIRES DÉCÉDÉS

L'article 6 de la loi du 26 décembre 1914, exempte de l'impôt de mutation par décès les parts nettes recueillies par les ascendants et descendants et par la veuve du défunt, dans les successions :

1° Des militaires des armées françaises de terre et de mer morts sous les drapeaux pendant la durée de la guerre actuelle;

2° Des militaires qui, soit sous les drapeaux, soit après renvoi dans leurs foyers, seront morts, dans l'année à compter de la cessation des hostilités, de blessures reçues ou de maladies contractées pendant la guerre.

Aux termes de ce même article « la déclaration de ces successions doit néanmoins être souscrite dans les délais fixés par l'article 24 de la loi du 22 frimaire an VII; elle doit être accompagnée d'un *certificat de l'autorité militaire* constatant que la mort a été causée par une blessure reçue ou une maladie contractée pendant la durée de la guerre. »

Afin de permettre aux personnes ayant qualité pour bénéficier de l'exemption des droits de mutation par décès, de se procurer les certificats dont il s'agit, le ministre de la Guerre a décidé que la demande de cette pièce devra être adressée au général commandant la subdivision du domicile de l'auteur de la requête. Cet officier général aura à distinguer d'une part, les officiers sans troupe, fonctionnaires et employés militaires comptant dans un corps de troupe (officiers et hommes de troupe.)

Il transmettra les demandes concernant les militaires de la première catégorie directement à l'administration centrale de la Guerre (service intérieur, bureau des archives), qui délivrera elle-même la pièce en question.

Il enverra celles qui sont relatives aux militaires de la seconde catégorie directement au commandant du dépôt du corps de troupe auquel appartenait le défunt.

Le dépôt dressera un certificat conforme au modèle désigné et le fera parvenir au demandeur.

POUR LES MILITAIRES QUI HÉRITENT

En réponse à une question écrite de M. Charles Baudet, député, le ministre de la Guerre déclare que lorsqu'une succession s'ouvre au profit d'un militaire présent sous les drapeaux, les scellés doivent être apposés d'office, conformément à la règle générale.

Il appartient aux intéressés, le cas échéant, de solliciter l'assistance judiciaire pour bénéficier de l'exonération des frais d'apposition et de levée des scellés.

SERVICES MÉDICAUX ET ASSURANCES

Les Comités seront également bien inspirés en inscrivant dans leur programme, la liste des docteurs et pharmaciens dépendant de leur zone d'action.

Il conviendra qu'ils créent avec la participation de ces spécialistes, des services médicaux à l'usage de leurs protégées et de leurs enfants, dans le genre de ceux qui fonctionnent au sein de certains comités, ou œuvres de bienfaisance.

Cette mesure sera, est-il besoin de le dire, très appréciée des femmes de condition modeste, et aura sans doute cette influence de provoquer chez les réfractaires à l'œuvre même, des inscriptions nouvelles.

Les Comités se préoccuperont également des assurances de leurs protégées, assurances accidents, assurances sur la vie, assurances contre l'incendie. Elles leur soumettront à cet effet des formules, indications et renseignements sur le taux des primes et de remboursement.

En un mot ils ne négligeront rien pour les documenter sur tous les détails auxquels jusqu'ici elles sont restées étrangères, et s'emploieront au contraire à leur faciliter de toute manière, l'accomplissement de ces actes, d'intérêt personnel.

CHAPITRE VIII

La question des salaires et nos méthodes commerciales

La question de l'augmentation des salaires a été de tout temps et dans tous les pays, un motif de discorde entre patrons et ouvriers, et les grèves qui en sont résultées ont souvent causé de très lourds préjudices à chacune des parties intéressées on ne le sait que trop.

Il semble que depuis quelques années, ces incidents toujours regrettables, deviennent de moins en moins fréquents, des concessions inspirées par l'intérêt ayant été consenties de part et d'autre. Mais, bien que personne ne puisse prétendre empêcher ces malentendus, rien ne s'oppose cependant à en rechercher les causes et moyens propres, à les enrayer le plus possible dans l'avenir.

Dans cet ordre d'idées, qu'il nous soit permis de faire remarquer ceci :

Un patron quel qu'il soit, a toujours le plus grand intérêt, dans ses rapports avec son personnel, à user avec lui des plus grands ménagements, pour cette excellente raison que le concours de celui-ci lui est avant tout indispensable pour mener à bien ses opérations commerciales, industrielles, agricoles ou autres.

Ceci admis, il est bien évident toutefois que, quand une question d'intérêt vient à les diviser, il ne soit guère facile à l'un de sacrifier ses bénéfices à l'avantage de l'autre, mais il n'empêche que quand un ultimatum de ce genre est ainsi présenté au premier sans qu'il puisse se dérober, celui-ci soit placé dans la necessité, ou de capituler, ou d'envisager les probabilités d'une grève.

Eh bien ! en général, avant de se résoudre à cette perspective, un bon commerçant un industriel ou autre, doit préalablement se poser à lui-même cette sage question :

« Etant donné que mes bénéfices atteignent telle « limite, que je ne puis par suite réduire sans engager « l'existence même de ma maison, ne serait-il pas « possible de répondre sinon en totalité du moins « en partie, aux réclamations dont je suis l'objet et « sans pour cela troubler les avantages que me « confère ma situation acquise.

« Essayons. Ma production ou mes achats me « révèlent que mes prix de revient ressortent actuel- « lement à un taux de .... Cette production en l'état « actuel des affaires peut-elle être relevée et par suite « influer sur la répartition de mes trais généraux !

« Ou bien mes achats effectués actuellement « au taux de ... peuvent-ils m'autoriser à escompter « dans un avenir prochain une plus grande marge « de prix à mon avantage et par suite un accrois- « sement de clientèle, ou bien dois-je au contraire « envisager de ce côté une hausse ou pour le moins « un stationnement des cours ».

Poser un problème c'est quelquefois le résoudre, or si la nécessité exige qu'il le soit, il faut s'y atteler courageusement et sans rémission.

« Pourquoi si ma production est susceptible « d'augmenter, n'ai-je pas songé plutôt à lui « faire subir ce traitement. Question d'outillage, « d'argent, de clientèle ! Peut-être ! Mais encore « suis-je bien sûr que d'autres raisons n'y ont pas « contribué, intimes celles-là, et que je ne veux « pas m'avouer?

« Au fait, tranchons le mot. J'appartiens, je le « reconnais à cette vieille école qui nous enseignait « qu'en toutes choses, « doucement on va loin »; « et ma foi, l'habitude, la routine aidant, je suis « resté fidèle à cette maxime, menant ma barque « au fil de l'eau, évitant avec le plus grand soin « les courants, les tourbillons, les écueils, bref « je me suis gardé des évolutions, et mon Dieu, « tant bien que mal, lentement certes, mais sûre- « ment, je suis parvenu à atterrir au port.

« Evidemment il m'est arrivé quelquefois de « songer à mieux faire, me multiplier, élargir « mon champ d'action, mais chaque fois, au moment « de me prononcer, j'ai manqué de courage; et puis « je ne suis pas seul; la vie au fond est compliquée, « il y a la femme, les enfants, surtout la femme que « ces projets effrayaient, qui envisageait des sacri- « fices, des dépenses, s'opposait aux augmentations « des salaires, que sais-je? Enfin, bref, tel j'étais au « début, tel je suis resté.

« En toute conscience cependant, je ne me « dissimule pas qu'aujourd'hui mes chances seraient « réduites de moitié, car de nouvelles exigences « sont nées, certains progrès ont modifié l'aspect « des affaires, l'âpre concurrence enfin est venue

« troubler les quiétudes d'autrefois, si bien que...

Mais arrêtons-nous !

Donc, nous voici en présence d'une première révélation, claire celle-ci, et manifeste, ce négociant a manqué de courage, il s'est laissé bercer par une douce habitude faite de tranquillité et de routine. Il n'a rien tenté pour développer ses affaires, et il a réussi cependant. Mais il se rend compte néanmoins que les temps ont changé, qu'il lui serait difficile aujourd'hui de remonter le courant, et que plus que jamais il lui faudrait compter avec un personnel plus exigeant, et pour cause, personnel qui d'ailleurs l'avait quelque peu gâté sous ce rapport, car cette aisance réalisée ainsi sans à-coups n'a pu s'acquérir seule, c'est un fait, ce qui revient à dire que celui-ci n'y est pas resté totalement étranger, bien qu'en ce qui le concerne, les profits qu'il en a retirés se comptent,... probablement !

Par conséquent, la situation s'étant nettement modifiée, ce négociant pourra-t-il se maintenir, en conciliant ces nouvelles exigences avec ses intérêts propres ?

Incontestablement oui, s'il a l'idée large, du caractère, de la volonté, et surtout l'esprit nouveau des affaires, mais à ces conditions seulement, c'est-à-dire :

S'il se résout à comprendre d'une part, qu'à notre époque, les salaires de famine ne sauraient plus être tolérées, ceux des femmes notamment, vis-à-vis desquels il devra reconnaître qu'il est souverainement injuste d'abuser de leur infortune en les occupant à certains de ces emplois pénibles, d'où elles ne retirent parfois que des émoluments dérisoires, insuffisants pour les faire vivre, quand les nécessités de l'existence actuelle, exigent au contraire qu'elles soient rétribuées d'une façon convenable.

Et s'il se convainct d'autre part de la nécessité de se déployer davantage, se dépenser, s'outiller, s'armer en un mot pour la lutte, et de telle manière que sa production ou son chiffre d'affaires ne cessent d'augmenter en prospérant.

Alors oui il aboutira, et d'autant plus facilement que son personnel mieux rétribué et au besoin encouragé sous d'autres formes, travaillera à l'y aider, intéressé qu'il sera au succès de ses affaires !

Et c'est précisément où nous voulions en venir; révéler d'abord un mauvais calcul, un esprit d'inertie, alliés à un égoïsme commercial pur, cause d'injustices criardes, réparties sur la masse des faibles, et contre lesquelles on ne saurait trop s'élever et protester, parce que ce système ne répond pas à cette conception qu'un honorable négociant, industriel, entrepreneur, chef d'atelier ou autre, doit se faire de la collaboration de son personnel; puis démontrer qu'il n'est pas impossible de résoudre un problème quand la bonne foi et une énergique volonté, animent celui à qui il est posé.

Car en effet les exigences de la vie, n'admettent plus que l'un s'enrichisse au détriment de l'autre, mais exigent impérieusement par compte que des hommes et femmes d'action, rentrent dans cette lutte économique nouvelle, et soient de préférence placés à la tête de toutes nos entreprises et nos commerces, ceux-là seuls étant en mesure de comprendre les nécessités et besoins de l'heure présente, et d'assurer à ceux qui produisent pour leur compte le maximum d'avantages et de profits.

Évidemment, nous savons, cela est parfois plus facile à dire qu'à exécuter, mais personne ne niera que rien ne s'obtient sans rien, c'est-à-dire sans efforts et sans sacrifices, mais que l'on réalise aussi souvent, par une saine appréciation des choses, par le raisonnement, par le cerveau.

C'est cependant un fait qu'il faille de nos jours, compter de plus en plus sur soi-même, ne plus s'adondonner à cette vie factice et facile d'autrefois, qui bien que faite de travail et de bonne volonté, n'a pas été toujours suffisamment prévoyante et gardée d'elle-même.

Il y aurait beaucoup à dire de ce chef, rappelons-nous seulement que nous avons failli succomber dans la lutte commerciale, envahis que nous étions par cette multitude de produits et échantillons allemands, que nous avons été dans cette voie, à deux doigts de la domination allemande, qui réalisée, nous aurait fait perdre le fruit de 40 années de labeur, et ruiné nos espoirs, notre nation, notre industrie notre commerce, tout enfin. Nous en aurions tous énormément souffert et très longtemps peut-être.

Mais nous avons fait face glorieusement et énergiquement au danger, et la supériorité de notre race s'est à nouveau révélée, plus forte, plus puissante que jamais.

C'est un résultat magnifique dont nous devrons éternellement conserver le souvenir, mais qui nous commande en même temps de nouveaux devoirs, des obligations multiples, auxquelles nous serions condamnables de chercher à nous soustraire.

Nous devrons désormais, nous sentir les coudes, travailler à distancer pour jamais nos ennemis, nous inspirer de cet esprit de solidarité, et de confiance en nous-mêmes, dont ils possèdent particulièrement le secret, pour les combattre énergiquement à l'avenir sur tous les terrains. Et par le jeu de cette assurance mutuelle, nos aspirations se réaliseront, nos ruines et nos pertes seront rapidement relevées et compensées, et alors ceux qui ont peiné, ceux à qui sont réservées les tâches les plus ingrates, en recueilleront les premiers bénéfices.

Et c'est ce qu'il fallait dire. Et malgré tout, malgré les bonnes dispositions dont on peut croire que nous sommes animés, il semble de nous ne réussirons réellement que si nous oublions nos querelles, nos dissentements, cet esprit malsain de critique des uns vis-à-vis des autres, cet instinct de jalousie qui nous fit souvent commettre de grossses fautes, et de lourdes erreurs.

Certes ce serait trop demander que de modifier ainsi subitement notre tempérament expansif, car ce proverbe qui affirme « qu'on ne se refond pas » est toujours vrai; mais que l'on se recueille, se souvienne que les rivalités entre individus de même race sont néfastes, et conduisent toujours à un but opposé à celui escompté.

Les éviter ou les écarter, tel doit être notre

constant objectif, aussi bien en s'inspirant de ces principes, pourrons-nous envisager un « modus vivendi » plus en harmonie avec nos ressources, nos aptitudes, notre dignité même, et par conséquent accomplir en paix la tâche immense qui nous est réservée, et dont le moins à en attendre sera de provoquer partout l'estime et d'imposer le respect.

CHAPITRE IX

De la Publicité dans les Affaires

On n'obtient rien sans rien, disions nous tout à l'heure, c'est une vérité qui en affaires est indiscutable.

En principe s'il est quelquefois bon de se garder d'imiter le « voisin », il n'est pas mauvais cependant de se rendre compte de ses procédés, de ses moyens d'action, des causes enfin de ses succès, comme aussi de ses défaites.

Sous ce rapport, rien ne doit être négligé, car c'est un enseignement dont on peut souvent retirer de grands profits, et qui par suite peut exercer la plus grande influence sur les conséquences d'une opération commerciale.

Il est à remarquer notamment qu'en matière de publicité et d'échantillonnage, nous sommes encore en France très en retard sur nos amis les anglais, les américains, et faut-il l'avouer, les allemands eux-mêmes.

Sans conteste, tous, chacun en ce qui le concerne, excellent dans cette voie; aussi bien souvent ne faut-il voir dans les succès de leurs entreprises, que l'application sur une vaste échelle de cette méthode, alliée à une connaissance approfondie des affaires, des besoins du client, et des rapports étroits entretenus avec ce dernier.

Bien connaître et bien suivre les besoins d'un client est en fait une condition de réussite, mais encore, là ne se limitent pas les exigences des affaires, il convient aussi d'être connu et pour être connu, il faut se servir de la publicité.

Les grands magasins, grosses industries et entreprises en France, commencent à user largement de ce système, et il apparaît qu'ils s'en trouvent fort satisfaits, si l'on en juge par les chiffres, toujours plus élevés de leurs opérations ou de leurs relations mondiales.

Mais il n'y a pas que le gros magasin et la grosse usine qui doivent l'utiliser,il y a aussi les maisons de second ordre, qui dominent celles-là, mais que l'on connaît moins, et pour cause.

La vérité est que si ces dernières en font quelquefois usage, ils la comprennent mal, ou bien manquent de perspicacité et de persévérance. Car la publicité au fond, est en quelque sorte un art qui n'appartient pas à tout le monde, qui ne s'apprend pas, mais qui est l'émanation même d'une conception personnelle, spéciale, difficile à préciser.

Or si l'on veut obtenir le maximun de rendement ou de bons résultats par la publicité, il faut la faire bien, la modifier souvent, et la renouveler plus souvent encore.

Il n'est pas rare de recevoir souvent chez soi, des circulaires, notices et réclames où fourmillent des détails, descriptions, séries de prix, etc., de tous genres, accompagnées d'annotations compliquées, souvent dépourvues d'intérêt. Or en général à la réception de semblables factums, voici ce qui arrive : Ou bien on le parcourt « en vitesse », et par conséquent on n'en retient rien, ou bien on trouve qu'il est trop long et on l'expulse sans même le parcourir.

Résultat : nul ou à peu près, c'est-à-dire du temps perdu et de l'argent inutilement dépensé.

Les Anglais disons-nous, sont passés maîtres en publicité, mais aussi ils savent y consacrer l'argent nécessaire, ce que nous ne savons pas aussi bien nous. De là cet écart formidable constaté fréquemment entre leurs opérations et les nôtres.

Évidemment la publicité coûte cher, mais croyez bien que celui qui sait la doser savamment trouve toujours la récupération de ses avances. Et puis il y a la manière, la manière qui est tout, et sans laquelle on n'obtient rien ou presque.

Un Anglais ou un Américain qui veut informer son public d'une marchandise qu'il a à vendre, sera toujours très bref dans son annonce.

S'agit-il de faire connaître son établissement, son magasin, il s'exprimera à peu près ainsi sur une feuille à grand format, mais au quart pleine :

I

« La maison X.. se trouve dans telle rue, à deux « pas de.... exactement en face de ...... avec « accès par telle voie ! »

II

Ou bien :

« Autrefois la maison X.., créée il y a 45 ans, avec « un stock en magasin de 25 tonnes de marchandises,

« vendait cher parce qu'elle n'avait pas de choix.

« Aujourd'hui ses magasins renferment 800 tonnes « de marchandises neuves, qu'elle vend bon marché, « parce qu'elle dispose d'un choix considérable. »

III

Ou encore :

« Sur notre stock de 1250 pièces exposées dans « nos magasins le 16 septembre dernier, il nous « reste encore exactement 248 pièces de ce drap « fantaisie pour dames, dont nous avions excep- « tionnellement coté le prix à 2 fr. 95 le mètre.

« Or il nous est agréable d'informer notre clientèle « qu'au lieu d'augmenter ce prix très réduit, nous « avons décidé de le maintenir encore pendant « quelques jours. »

IV

Puis :

« La maison X.. reçoit actuellement un échan- « tillon d'étoffes pour vêtements d'hommes, introu- « vables par ailleurs. Avant d'en acheter le stock « complet elle croit devoir prier ses meilleurs clients « de formuler leur avis sur la nuance et la qualité « de l'étoffe que nous tenons à leur disposition.

« Réponse aussi prompte que possible s. v. p. »

V

« La maison X.. étant persuadée que si elle « connaissait à fond vos besoins, elle parviendrait « à vous procurer vite, mieux et bon marché, les

« marchandises qui vous sont nécessaires, vous
« prie de vouloir bien répondre au questionnaire
« suivant :

« J'ai besoin de....
« Pour tel usage........
« Quel prix en : telle longueur....... / telle nuance........ / telle qualité........
« Je désire limiter mon prix à........
« A défaut fixez-moi sur un article similaire !
« Expédition franco.
« Gare...... »

VI

Ou bien enfin :

A Monsieur Z..,
Négociant,
Rue........
Paris.

« Prière trouver inclus :

« Option pour 450 tonnes de.... dont spécification d'autre part, valable limite jeudi 12 heures à francs.... Départ. — Divisible par 100 tonnes à francs.. — Règlement 2/3, 30 jours 2 %. — 1/3 90 jours net. — Bonne qualité, marchande. — Arrivages du.... par navire B...., Capitaine C.... quais—— London.

« X.... et Cº »

« *London*.... 1915.

Sans plus, c'est-à-dire sans phrases, un style bref, précis, attirant, forçant l'attention.

Voici donc le client avisé et amorcé, or deux cas vont alors se présenter :

Ou bien celui-ci répondra par une demande d'envoi de rensegnements, d'échantillons ou de catalogue, ou bien il gardera le silence.

Dans le premier cas après la transcription de son adresse sur un grand livre spécial, une fiche c renseignements partira immédiatement à destination de l'agence, et s'il s'agit d'un commerçant, cette fiche précisera les informations suivantes :

« Date de son installation !
« Genre de commerce détaillé !
« Quel chiffre d'affaires approximatif !
« Quelle réputation en affaires !
« Quels sont ses principaux fournisseurs?
« Quelle est sa banque?
« Comment paie-t-il?
« Quel est l'avenir de sa maison?

Remarquons en passant cette autre précision de renseignements, bien différents souvent des textes que nous employons chez nous.

En effet, certains bulletins d'agences sont d'un format étroit, par conséquent limité à une rédaction de 10 à 15 lignes, c.-à-d. bien insuffisante. En outre beaucoup d'entre eux contiennent parfois trop de choses inutiles, et trop peu d'utiles. Ils nous apprennent par exemple que « Un tel était autrefois « associé avec .... puis a habité telle rue .... « s'est marié à telle époque, paraît travailler, ne

« donne pas lieu à de mauvais renseignements,
« mais son crédit n'est pas nettement connu, et
« par conséquent il semble qu'il serait nécessaire
« de limiter ce crédit à.... sous toutes réserves
« toutefois.... etc. »

Or voici par contre la réponse type au questionnaire de la fiche ci-dessus :

« Installation à........

« Dernière à........

« *Commerce.* — Bonne quincaillerie, tenue depuis « 24 ans, très achalandée, moderne, bonne clientèle « régionale de : menuisiers, charrons, serruriers, « etc. pays de construction et assez riche.

« *Chiffre d'affaires.* — Peut faire une moyenne « de 10.000 fr. par mois, beaucoup à crédit suivant « l'usage.

« *Réputation en affaires.* — Considéré comme « sérieux, âgé de 40 ans, marié, 2 garçons. — Beau-« père retiré des affaires. — Occupe 7 employés « et commis, chevaux et voitures de livraison. « — Voyage, se multiplie. — Réputation réputée « solide dans le pays. — Bien coté. »

« *Principaux fournisseurs.* — D'après renseigne-« ments, achète beaucoup chez X... ses gros fers, « chez Y... ses pointes et clous, chez W... et Z... « ses ustensiles de ménage et petite quincaillerie.

« *Banque.* — Opère principalement avec la ban-« que P... et me dit-on, avec les établissements « A... et B...

« *Paiements.* — Paie régulièrement à 90 et « 120 jours.

« *Avenir de la maison.* — Semble devoir se main-

« tenir sinon s'étendre. Le fonds sera facile à céder.
« On parle de 60 à 70.000 francs. »

On saisit toute la différence.

En outre, ces questionnaires sont établis sur des fiches à grand format, permettant ainsi à l'agence de développer et circonstancier ses renseignements, ce qui importe avant tout.

Donc, après l'envoi de la fiche de renseignements à l'agence, le client est immédiatement pointé et catalogué, puis on lui écrit par le courrier du soir, on l'entreprend, on attire toute son attention sur tels et tels détails; enfin, on ne le lache plus, c'est-à-dire qu'on lui confirme la correspondance précitée, et lui fournit de nouveaux détails avec propositions différentes; au besoin on lui adresse hors sa demande, un carnet d'échantillons, de modèles, puis une troisième correspondance fait suite, priant le client de réserver le meilleur accueil à « l'un de nos plus sympathiques représentants » qui lui soumettra un album complet, lequel lui sera momentanément laissé avec prière de l'examiner avec tout le temps nécessaire, etc... etc.

On devine ce qu'il peut résulter de l'emploi d'un pareil système. Neuf fois sur dix, le client sollicité d'une façon si pressante, se laisse attendrir, et, satisfait, renouvelle sa demande à nouvelle occasion.

Et la place, réputée si difficile à enlever, est ainsi prise de haute lutte.

Deuxième cas. Malgré toute sollicitation, le client inconnu ne répond pas.

Dès lors, la maison qui tient absolument à forcer ses relations avec lui, lui écrit :

« MONSIEUR,

« Notre Directeur profitant de son passage dans « votre région où nous possèdons quelques uns de « nos plus vieux clients, aura le plaisir de vous « rendre visite le jeudi 12 courant vers 10 heures. « Dans le cas où cette heure ne serait pas la vôtre, « nous vous serions reconnaissants de nous en « instruire, mais sauf avis contraire, nous la consi- « dérerons comme bonne. Entre temps... etc. »

Bref, de tout ceci il résulte que ce système de publicité par circulaires ou correspondance, présente des avantages marqués, et que le succès des affaires dépend beaucoup de leur utilisation, à cette condition cependant, que la formule en soit claire, nuancée, toujours captivante.

A ce point de vue, si nous le voulions, nous pourrions passer maîtres. Il nous suffit de vouloir. Le moment semble d'ailleurs venu de nous y préparer, et cependant, nous devons l'avouer encore, notre organisation comme notre outillage commercial, sont incomplets, et nécessitent de nombreux perfectionnements.

En quoi consistent-ils? C'est ce que nous allons dire. Il s'agit de :

Nos voyageurs;
Nos transports;
Nos banquiers.

CHAPITRE X

Nos Voyageurs
Et notre Commerce Extérieur et Intérieur

En général, nos voyageurs possèdent de très grandes qualités commerciales, alliées à une réputation d'honorabilité longuement éprouvée, c'est un fait bien connu, et si nous les voyons parfois, dans des affaires lointaines, se laisser handicaper par leurs confrères étrangers, c'est surtout parce que ces derniers sont beaucoup mieux organisés, possèdent des moyens d'action plus puissants, et une faculté financière, supérieure à la notre.

Ils ont en outre contre eux, à l'Étranger, ce système de crédit à long terme, que nous ne pratiquons pas personnellement, ce que d'ailleurs, nous n'avons pas trop à regretter, dans la situation actuelle, s'entend.

Mais à tout prendre, ce sont, il n'est pas inutile de le repéter, d'excellents représentants susceptibles d'enlever comme il convient, des affaires souvent laborieuses et très concurrencées.

La profession de représentant n'a pas toujours été comprise et appréciée à sa juste valeur en France, et il semble qu'il faille voir dans cette erreur, la cause de nombreux échecs subis par notre commerce, tant à l'Étranger que chez nous-mêmes.

Et cependant leur mission, quoique ingrate parfois, est parmi les plus belles, les plus utiles, et nous dirons même, la plus indispensable qu'il soit, et si nous réfléchissions quelque peu, nous n'aurions aucune peine à le reconnaître.

Car les exigences et les difficultés de leur profession, sont innombrables. Il leur faut tout apprendre, tout connaître, les secrets de l'outillage, la fabrication, les transports, les modes de vente, les crédits, l'esprit de la clientèle, etc. or, ces connaissances ne se forment pas en un jour, nécessitent au contraire de longues années de préparation, de pratique et d'étude.

Et puis, ne devient pas voyageur qui veut; l'habileté professionnelle est là plus qu'ailleurs indispensable, car il faut exceller en tout, en courage, en patience, en persévérance, en diplomatie.

C'est le voyageur qui « fait la maison » dit-on quelquefois, et rien n'est plus exact en effet, mais aussi ce que l'on oublie d'ajouter c'est qu'il contribue pour une grande part, à la prospérité d'une nation. Et cela aussi est une vérité.

Nous parlions tout à l'heure de ces privilèges dont certains représentants étrangers bénéficient sur les nôtres, en raison de l'élasticité de leurs moyens d'action et des éléments financiers dont-ils disposent, et on a pu se demander parfois, pourquoi nos établissements de production et de commerce n'ont pas jugé nécessaire jusqu'ici d'imiter ces concurrents, c'est-à-dire de pourvoir leurs représentants, des mêmes avantages.

Pour le comprendre, il faudrait d'abord se souvenir que beaucoup de nos gros industriels et négociants se sont toujours montrés peu enclins, et par conséquent peu empressés, dans la recherche des affaires à l'étranger, ayant toujours trouvé, ou à peu près, dans leur clientèle française et coloniale, d'assez larges débouchés.

Et puis pour d'autres, il est arrivé que leurs tentatives d'expansion se sont trouvées fréquemment arrêtées, du fait de cette concurrence déloyale et incombattable, qui leur était faite par des maisons similaires allemandes, aux produits falsifiés et camelotés bien connus, procédés qui rendaient leurs efforts d'autant plus laborieux, qu'ils avaient à faire face également à un système de crédit à longue échéance, absolument impraticable dans nos usages commerciaux.

Mais, il est bien évident, malgré cela, que nous n'avons jamais été très sérieusement documentés sur les besoins de cette clientèle, d'ailleurs excellente en certaines régions, et que notre plus grande faute semble être de n'avoir pas su nous inspirer de cette conception toute naturelle, de répondre exactement à ses besoins, au lieu de lui imposer nous-mêmes, nos produits personnels.

Car il est utile de le répéter, nous sommes au fond, mal outillés dans nos services de renseignements à l'étranger, et malgré toute la bienveillance et l'empressement de nos consuls à l'égard de nos nationaux, il ne nous est guère facile dans l'état d'organisation actuelle, d'obtenir des résultats plus appréciables ou plus favorables.

Et ceci nous amène à parler des moyens qui pourraient être mis en œuvre, pour rendre meilleures et plus régulières nos relations commerciales avec l'Étranger !

Quand un établissement commercial quelconque désire se renseigner à l'étranger ou dans son propre pays, d'une part, sur une marchandise, sa fabrication, son prix de vente et l'importance de sa consommation, et d'autre part, sur le client qui l'achète, la solvalibité de celui-ci, son mode de règlement, etc., il s'adresse, soit au Comité du commerce extérieur de sa nation, soit à des consuls, soit encore à des correspondants ou amis, habitant la région intéressée.

Muni de ces informations, il procède ensuite à une enquête sur les tarifs de transports internationaux droits de douane ou d'entrée, puis établit son prix de revient d'après les renseignements ainsi recueillis.

C'est alors qu'il adresse au futur client une offre de sa marchandise, avec délai de livraison, de règlement, et ...... attend.

Malheureusement, ainsi que nous le laissions entendre tout à l'heure, il attend ainsi souvent fort longtemps, la proposition faite ayant semblé trop élevée sans doute. Or, qu'arrive-t-il ! L'établissement ne se décourageant pas, renouvelle en la modifiant sa proposition, expédie même suivant le cas, une série d'échantillons, et alors devant tant d'insistance, le client répond; mais il répond évasivement, d'une façon très réservée, parce qu'il a traité peut-être, parce que des conditions plus avantageuses lui sont faites par ailleurs parce que la question du règlement les divise, bref parce que l'offre ne répond en aucune façon avec ses habitudes et ses besoins, toutes choses que nous savions déjà d'ailleurs.

Et voilà notre négociant désillusionné, parce qu'il s'est rendu compte que ce genre d'affaires n'est pas fait pour lui, et qu'insister davantage serait perdre son temps et son argent.

Et cependant, il n'est pas douteux que ces obstacles

pourraient être efficacement brisés, si nos commerçants disposaient d'une vaste organisation richement dotée de services multiples de renseignements, où collaboreraient outre un personnel spécial éprouvé des correspondants choisis, ou parmi nos nationaux vivant à l'étranger, ou parmi nos voyageurs libres et indépendants émigrant à différentes époques à l'étranger.

En effet, il semble bien après examen qu'une Société française pourrait être créée, qui s'intitulerait, par exemple « Société française d'informations commerciales » laquelle aurait pour objet de centraliser, grouper tous les renseignements, modèles, échantillons, crédits, etc., relatifs à la fois à la clientèle étrangère, nationale et coloniale.

Or, comment fonctionnerait une société de ce genre Bien simplement.

Fondée à Paris, avec un capital de plusieurs centaines de mille francs, par quelques personnalités retirées du négoce et de l'industrie, secondé par un personnel familiarisé avec quelque langues étrangères elle s'inspirerait de la méthode des grandes agences d'enquêtes et de renseignements, en s'assurant le concours de spécialistes capables familiarisés avec les nombreuses questions industrielles, d'outillage, de production et de vente, et auxquels elle donnerait mission d'enquêter partout, auprès des maisons de consommation susceptibles de s'intéresser aux affaires proposées par des établissements français.

Ces spécialistes auraient ainsi à s'entourer de tous les éléments d'information dans chacun des pays par eux visités, qu'ils transmettraient ensuite par correspondance, ou par câble, au siège de leur société. Or ces derniers qui ne nous manquent pas en France pourraient être choisis disons-nous, parmi les voyageurs français exerçant librement leur profession.

Il semble d'ailleurs que dans cet ordre d'idées, nous ayons encore beaucoup à apprendre des Anglais et Américains et... des autres. Souvenons-nous de ce formidable institut allemand qui installé à Paris, au centre des grands boulevards avait pour mission sous le couvert de la personnalité commerciale de recueillir pour le compte de son Gouvernement tous les renseignements intéressant la richesse de l'industrie du Commerce et de l'agriculture de France.

Eh bien! c'est un établissement de ce genre qui pourrait être créé, non pas dans un but détourné, et aussi peu avouable, mais sous un objectif exclusivement commercial.

Voici entre cent autres, une formule type, qui pourrait être adoptée pour la rédaction d'une fiche de renseignements étrangers :

SOCIÉTÉ FRANÇAISE
D'INFORMATIONS COMMERCIALES
Siège à Paris
Rue . . . . .
—
Téléphone Ire ligne . . .
— IIe ligne . . .
—
Code A. B. C.
—
Adresse télégraphique :
« Sofraninfor » Paris.
—

ÉTRANGER

FICHE
de Renseignements Commerciaux
—

Secteur Russe
(District de Moscou)
(Monsieur B. . . ., Correspondant,
rue . . . . ., Moscou.)

QUESTIONNAIRE

Population du District :

Commerces principaux, (les indiquer dans l'ordre alphabétique).

Nomenclature de ces Maisons de commerce.
(Ordre alphabétique)

Quelles sont les marchandises susceptibles d'être achetées ?
(Ordre alphabétique)

Que peut-on espérer dans la vente :
Des machines à coudre.
— — à écrire.
— — d'imprimerie.
— — agricoles.
Des articles de Paris.
Des jouets ?

Indiquer des Prix et des chiffres d'affaires.

Quel est l'esprit de la clientèle ?

Comment règle-t-elle ?

Quels sont les principales Banques du District ?

Quels sont les clients qui comprennent le français ?

Quels sont les cercles de commerce ?

Existe-t-il des chambres syndicales ?

Que pensent les clients de la formule de contrat incluse ?

Quelles sont les modifications qu'ils proposent ?

Quelles sont les personnes susceptibles de nous servir d'interprètes?

Quels sont les échantillons à expédier ou à emporter par nos voyageurs ?

Quels sont les prix de transport sur les lignes secondaires du district ?

Indiquez-nous des adresses de transitaires.

Indiquez-nous un dépositaire de machines.

Indiquez-nous un correspondant sérieux pour l'article...

Proposez-lui un courtage de 2 °/₀ sur les affaires traitées.

Indiquez-nous des adresses de personnalités clubs, sociétés, etc., qui, le cas échéant, se chargeraient de notre propagande.

Quels sont les meilleurs journaux de l'endroit ?

Consultez leurs tarifs d'insertion.

Quels sont les tarifs d'hôtels de voyageurs ?

Fixez-nous sur les moyens de propagande employés par les allemands.

Quels sont les articles et marchandises dont les allemands possédaient le monopole ?

Rassemblez tous les échantillons et modèles de leur fabrication et expédiez-nous les avec annotations de leurs prix de vente.

Quelles sont les maisons étrangères autres que celles allemandes, qui opèrent dans cette région ?

Quelles concurrences aurons-nous à craindre ?

Laissez entendre qu'une majoration à peu près générale sur les articles de nos fabricants est à craindre, mais adroitement.

Fournissez-nous un long rapport sur ce questionnaire et ajoutez ici vos impressions et tous les renseignements que vous jugerez utile de nous révéler.

Il s'agit, on le voit d'une fiche-rapport très détaillée, absolument unique dans son genre.

Or, on devine à quels résultats nos producteurs aboutiraient à l'aide d'une semblable moisson d'informations. Il y a plus, des échantillons et modèles mentionnés sur la fiche, et expédiés par le représentant enquêteur, serviraient de base à l'examen de la fabrication et de la comparaison des prix, puis une correspondance rédigée dans la langue du futur client, ou du gérant, représentant, dépositaire, du District, serait échangée, soit directement, soit par les soins de la Société d'Informations, et alors s'en suivraient nécessairement des propositions de marché, des ordres d'essai, puis enfin des contrats réguliers, revus, corrigés et sanctionnés par avance.

Mais sous quelles conditions cette Société exercerait-elle ses opérations. On peut en formuler deux susceptibles de convenir. Le prix de la fiche-rapport serait proportionné à l'importance des renseignements demandés, soit fixé à 20 fr., 30 fr., 40 fr.,

50 fr., 100 francs et plus, suivant le cas, soit sous forme d'abonnement, de 100 à 500 francs par an, toujours suivant le cas.

Evidemment, les Comités de commerce extérieur, chambres de commerce, chambres syndicales industrielles et commerciales, agents consulaires et autres, chacun en ce qui les concerne, remplissent couramment de leur côté ce rôle d'informateurs, rôle qui leur est dévolu d'ailleurs, et qu'ils exercent parfaitement; mais sans vouloir médire de leurs bonnes intentions et de leurs efforts incontestablement émérites, il n'est pas moins vrai qu'ils ne peuvent sacrifier à ces recherches complexes ni tout le temps, ni tous les fonds nécessaires.

Mais précisément à l'heure où paraissent ces lignes, nous sommes informé de la constitution d'un groupement composé de personnages influents, qui s'est fixé pour tâche la réalisation d'une « Union Nationale » pour l'exportation des produits français et l'importation des matières nécessaires à l'industrie. — Son siège social est, 45, rue Laffitte, Paris.

Par ailleurs, mais dans un autre ordre d'idées, des tentatives très sérieuses sont actuellement entreprises au sein des chambres de commerce françaises, anglaises et russes, et nous signalerons notamment une brochure publiée par la chambre de commerce Russe, 27, rue Tronchet, Paris, qui examine à fond l'étude du commerce Russe et les méthodes comparées du commerce français et de celui des Allemands. — Ces innovations sont très heureuses, car les nôtres pourront y puiser de précieux renseignements, ainsi qu'un encouragement à leurs entreprises futures, d'exportation.

En résumé, de cet ensemble de réflexions il résulte, que la mission des agents et voyageurs de commerce à l'étranger, trouverait à s'exercer de la manière la plus favorable, si les grandes maisons de fabrication leur en fournissaient les moyens. Par conséquent il appartient à ces derniers de se faire connaître, et de propager dans le sein des groupements commerciaux, l'idée émise, car il peut dépendre de leur intervention, d'importantes et excellentes décisions. Malheureusement on sait que beaucoup d'établissements de production et de représentants, s'ignorent les uns les autres, si bien que de nombreuses énergies se trouvent aussi annihilées, et demeurent improductives. C'est une situation à laquelle il importe de remédier, au plus tôt, le rapprochement de chacun étant nécessaire pour augmenter l'activité économique du pays, et assurer l'existence de milliers de travailleurs de tous sexes.

NOS VOYAGEURS ET NOTRE COMMERCE INTÉRIEUR

Mais les affaires ne se traitent pas seulement à l'étranger, elles se traitent aussi en France, et en vérité, ce ne sont pas les associations de voyageurs de commerce qui font défaut chez nous, car il en existe dans chaque département, Peut-être seulement sont-ils insuffisamment connus, comme nous venons de le dire, de tous les gros producteurs et moyens commerçants.

Cependant ce qui paraît exact, c'est que parmi

ces voyageurs il n'en existe qu'un nombre limité, en situation d'assumer plusieurs représentations à la fois, dans telle et telle région déterminée. Ces spécialistes sont pourtant tout indiqués pour représenter les petites maisons, et dès lors, serait-il souhaitable que des propositions soit échangées abondamment de part et d'autre. La publicité dans les journaux de province et revues commerciales constituerait pour eux un excellent moyen de propagande; et puis, il n'y a pas que les négociants et industriels, que ce système de représentation intéresserait, il y a aussi les usiniers, les chefs d'ateliers, les entreprises de carrières et exploitants de forêts, dont les débouchés souvent limités à leur région, trouveraient par ce système, une occasion excellente de s'étendre.

Mais encore cette conception exige une documentation sérieuse sur chaque catégorie de matières à placer, et des renseignements sur la clientèle à visiter. Toutefois l'obstacle n'est pas insurmontable, car en général des visites, des échanges d'idées ont vite fait de résoudre les problèmes les plus compliqués.

Voici, par exemple, un exploitant en bois, en même temps négociant en matériaux de construction, dont les affaires sont susceptibles de subir une progression et qui fort heureusement parvient à lier connaissance avec un de ces agents. Comment devra-t-il procéder pour initier celui-ci à ses opérations? Simplement à l'aide d'une fiche ainsi établie.

MAISON X. . . .
Bois et matériaux

—

Nomenclature des villes à visiter :

Rechercher :

Les Scieries, menuisiers, charpentiers, charrons, ébénistes, maçons, plâtriers, usines, entrepreneurs de Travaux Publics.

BOIS

Proposer :			Prix	
Des Madriers	8 c/m × 23 c/m	3 à 5m	—	le mètre courant
Des Bastins	65 c/m × 18 c/m	3 à 6m	—	—
—	65 c/m × 16 c/m			
Des Planches	34 m/m × 22 c/m	2 à 4m	—	—
Des Voliges	11 m/m × 105 m/m	2 à 4m	—	—

Des Chênes (grumes) 80 à 130 de circonférence.
(Environ 50 mètres cubes) à fr. ... le mètre cube

Le tout rendu { à pied d'œuvre / ou sur wagon départ.

(Consulter l'inventaire de mes disponibles en chantier au 1er janvier).

Commandes :

Accepter des sciages de planches, voliges, toutes épaisseurs et largeurs aux prix de :

1° — Le mètre courant ....
2° — Le mètre carré ....

MATÉRIAUX

Proposer :			Prix rendu
Ciment de	....	le sac	....
Plâtre	....	—	....
Briques	....	le 1000	....
Sable	....	le mètre cube	....
Galets	....	—	....

Ces prix s'entendent ou à 30 jours 2 % d'escompte ou 90 jours net à ma volonté.

Les réclamations devront me parvenir, au plus tard dans les 48 heures de la livraison.

Observations particulières : { .... / .... / ....

De son côté, l'agent lui adressera les renseignements recueillis sur les maisons visitées avec la désignation de :

1° Les besoins courants et leur importance;

2° Les prix payés par lui;

3° La situation financière du client;

4° Son mode de règlement;

5° Les noms de ses fournisseurs habituels.

Il restera alors à l'exploitant le soin de prendre ses renseignements aux agences et de confirmer la visite de son représentant.

Aussi bien, avec tous ces éléments d'information, se représente-t-on les avantages qui en résulteraient pour l'extension des affaires en général, des petits établissements et exploitants. Ceux-ci connaissant beaucoup mieux les besoins du client, s'en inspireraient pour modifier ou augmenter leur production, et par surcroît en feraient bénéficier leur personnel et les compagnies de transports.

Dès lors, rien n'est plus simple que de généraliser ce genre d'opérations, mais là comme ailleurs, l'initiative en appartient de préférence, aux agents et représentants régionaux, et il semble qu'ils réussiraient si leurs démarches étaient parfaitement conduites et bien préparées.

D'autre part, dans cet ordre d'idées, les femmes pourraient également participer à ce mouvement, et il est probable qu'elles s'initieraient rapidement à leur rôle.

En ce qui touche l'étranger notamment, nous ne manquons pas de nationaux dont les femmes libres de leur temps, pourraient être choisies par nos chambres de commerce, et administrations spéciales, en qualité de correspondantes. Il suffirait de les chercher, les intéresser, puis les instruire par correspondance. Un bon questionnaire, clairement rédigé, faciliterait considérablement leur besogne. Mais pour cela il faut de l'initiative, beaucoup d'initiative et peu de paperasses, c'est-à-dire beaucoup d'énergie et d'élan.

Ici qu'on nous permette une digression.

Des hommes d'action, il en existe dans toutes les directions administratives et commerciales, mais il est aussi des personnages très âgées, très bureaucrates et par conséquent très routiniers. Ceux-là paraissent posséder une très grande expérience des choses, et au fond ce ne sont que des professeurs et des théoriciens.

Ce sont eux qui au cours d'une visite intéressée, vous tiennent de ces longs discours, n'ayant aucun rapport avec le sujet, simplement pour exercer leur talent de causeur, et étaler toutes leurs connaissances.

Nous n'exagérons rien ; il en est quelques-uns de ces braves gens dans certaines administrations, très dignes d'ailleurs, et très respectables, mais, cuistres, superficiels, sans fond ; or comme ils dirigent, orientent et imposent eux-mêmes leurs règlements, les résultats des enquêtes, ou des missions qui leur sont confiées, aboutissent souvent avec de longs retards, quand parfois elles ne sont pas dénuées d'intérêt.

Aussi bien, dans cette vie nouvelle qui se prépare, nous ne saurons jamais trop les uns et les autres nous élever contre ce système d'inertie d'un autre âge, et réagir contre ces tendances administratives faites de demi-mesures et de promesses qui ne satisfont qu'à moitié.

En d'autres termes, dans toutes les circonstances où nous serons appelés à désirer une chose, l'obtenir ou la combattre, nous aurons à nous montrer égergiques, fermes et résolus. De la volonté alliée à de la dignité voilà qui sera nécessaire. Et cela abaissera ceci, fera plier les résistances, et peut-être alors parviendrons-nous à mieux nous entendre ou mieux nous comprendre. Au besoin, ces administrations et toutes les autres en général, se souviendront que leurs membres sont un peu les serviteurs du public, vis-à-vis duquel leurs fonctions les incitent à certains devoirs et obligations, et qu'en principe, c'est à celui-ci seul que sont réservées les observations, quand certaines nécessités exigent qu'elles soient présentées !

Mais revenons à notre organisation économique.

Nous disions que les femmes pourraient de ce côté rendre de très grands services à notre expansion, et nous pouvons le croire, leur habileté dans certains commerces étant manifeste.

Mais, les fonctions de collaboratrices de maisons de commerce leur conviendraient également chez nous, nous entendons celles qui leur permettraient de « rayonner » dans une grande ville et sa banlieue, sans astreinte à des déplacements prolongés, semblables à ceux des voyageurs de commerce.

Seul, le problème de leur éducation se pose, mais sans exiger d'elles les connaissances des représentants de métier, il serait parfaitement possible de leur confier les petites affaires. Et puis au pis aller, cette éducation, eh bien! elles se la feraient elles-mêmes, car rien n'est impossible à une femme animée de courage et de fermeté. L'essentiel est de beaucoup compter sur soi-même, et prier ceux qui nous emploient, à vous faire confiance. Le reste n'est rien. Un peu d'hésitation peut-être, au début, mais que rompra l'habitude, la volonté d'aboutir, c'est-à-dire de vaincre.

D'ailleurs les chefs de maison personnellement les prépareront à cette mission. Il suffira qu'ils s'inspirent de la méthode des fiches, si utilisée chez nos voisins. Une de ces bonnes fiches qui soit à la fois un aide-mémoire et un plan de campagne.

Comment concevoir ce genre de tablettes !

En voici une en exemple :

Maison X...	Tournée de Madame B....
—	(Rouen et banlieue)
Lingerie et Bonneterie	—
—	

I. — *Maisons à visiter* :

. . . .
. . . .
. . . .
. . . .

II. — *Marchandises à proposer :*

Lingerie : corsages, blouses, chemisettes; chemiserie : chemises dames et enfants, plastrons, faux cols; vêtements : bourgerons, pèlerines, tabliers; bonneterie : tricots, fichus, chandails.

OBSERVATIONS

Client A... Visible de 9 à 11 heures ou de 4 à 6 heures. Assez difficile en affaires, mais bon client. Ne traite que des articles de luxe. Lui accorder une réduction de 3 %

sur (tel article) si l'affaire peut en dépendre. Le laisser parler. Lui demander son avis sur telle et telle nouveauté récemment créée. Apprécier s'il s'y intéresserait, pour quel chiffre et dans quelles conditions. Ne pas importuner le client s'il lui survient un dérangement. Si possible, chercher à se rendre compte de ses récents achats. Essayer de le décider à acheter à découvert pour livraison sous 2 à 3 mois. Si impossible, marquer premier passage, offrir (tel article) pour l'enfant ou la femme du client. Bonne tenue recommandée, sourire affecté. Ne pas trop insister.

Client B... Rond en affaires, mais crédit limité. Ne pas accorder plus de trois mois maximum. S'intéresser à (tel et tel article). Lui offrir de préférence du bon marché. Si la commande excède la limite, annoncer que la marchandise est épuisée. En résumé, affaires faciles, mais ne pas s'engager. Visible à toute heure.

Client C... Ne connaissons pas ses besoins ; savons seulement que l'on peut traiter sans limites. Doit être méticuleux et exigeant sur les prix et qualités d'étoffes. Se défendre. Baisser au pis aller sur (tel article) mais alors l'imposer et maintenir (tel autre) en un mot n'accepter de baisse qu'à la condition d'une commande ronde et variée. Lui annoncer après pourparlers une création prochaine de ... Solliciter une commande sur échantillon de tel chiffre avec option pour 5 jours, et à titre d'essai. Marquer passage d'un modèle de ... épinglé sur notre carte. Nous écrire le résultat de votre visite le soir même. Nous confirmerons qu'elle qu'elle soit.

Client D... Inconnu de la maison. Vous lui présenterez nos articles d'après son genre de commerce. Dressez au préalable une liste de nos références de la région et que vous connaissez et remettez-lui. Fixez-le sur l'importance de notre maison et de notre conception des affaires. Si vous traitez, réservez notre confirmation suivant l'usage. Accordez en principe 4 mois de crédit afin de le décider, ou 30 jours 3 % au lieu de 2 %, mais seulement s'il vous paraît que le client est solvable. Vous recommandons pour tout nouveau client un gros effort. Il faut lui inspirer la plus entière confiance ; le harceler au besoin si cela vous paraît possible. Revenez avec une commande même infime. Nous vous promettons une gratification si vous réussissez. Fournissez-nous à son sujet les plus amples renseignements et annotez-les vous-même sur votre carnet.

CHAPITRE XI

Nos Transports

De ce côté également, malgré les efforts réalisés de part et d'autre en ces dernières années, nous sommes encore loin d'égalité avec nos voisins d'outre-Manche, les Américains, et... évidemment les Allemands.

L'explication il est vrai en est toute naturelle. Tous nos grands services de transports fonctionnent administrativement et se comptent, tandis que la majeure partie de ceux des nations en question, appartient à des Sociétés privées, c'est-à-dire indépendantes, et sont légion.

Il en résulte qu'en France, la guerre de tarifs est presque inconnue, et que par ailleurs elle est pratiquée sur une vaste échelle à la grande satisfaction des clients.

Sans vouloir rechercher si l'une et l'autre de ces méthodes se valent, il nous sera permis de faire certaines remarques, en ce qui concerne la nôtre.

DES TRANSPORTS A L'ÉTRANGER ET EN CORSE

Tout naturellement, avant d'expédier sa marchandise à l'étranger, un négociant quel qu'il soit s'informe toujours au préalable auprès des compagnies de navigation concurrentes, des conditions dans lesquelles seront tarifiées ses envois, et après comparaison, les confie, à moins d'écart infime, à celle, (française ou étrangère) dont la taxe est la plus réduite. Ici la concurrence, il est vrai existe, mais elle existe parce que des compagnies étrangères assurent concurremment avec les nôtres, les mêmes services maritimes internationaux.

Mais il n'en est pas toujours ainsi, quand il s'agit par exemple de transports lointains que deux ou trois compagnies françaises, qui en ont le monopole, exploitent exclusivement à de longs intervalles, et dont les moyens d'action sont inférieurs à ceux des compagnies étrangères. Dans ce cas force est donc au négociant expéditeur de subir le tarif plein, à son préjudice bien entendu, celui-ci n'ayant à sa disposition aucun autre moyen de transport, et la concurrence n'existant pas, fictivement du moins, car d'autres services fonctionnent à l'étranger pour ces mêmes destinations. Mais on ne voit pas bien ce négociant expédiant sa marchandise en transit par la voie de fer jusqu'en Hollande ou en Allemagne, pour bénéficier ensuite des tarifs plus réduits d'une des compagnies maritimes de ces deux pays.

Sans rechercher bien loin, nous possédons en Méditerranée des services de navigation affectés à la Corse, et exclusivement effectués par une seule compagnie. Or, qu'advient-il? Pour des considérations que nous ne voulons pas discuter ici, le trafic commercial avec cette île de beauté, est loin d'être brillant, et ceux qui les premiers en souffrent, ce sont les Corses, c'est-à-dire ceux qui précisément auraient le plus grand besoin d'écouler leurs produits pour en acheter d'autres, et bénéficier ainsi des mêmes avantages, réservés à l'Algérie, la Tunisie, et autres lieux.

Et puisque nous parlons de la Corse, qu'il soit dit en passant, combien nous avons tort de ne pas chercher à la mieux connaître, à nous rendre compte de ses mœurs, de l'hospitalité de ses habitants, de ses ressources, des moyens enfin qui pourraient être utilisés pour développer son commerce et lui assurer cette part d'activité économique dont elle a tant besoin.

Les Français ne connaissent pas la Corse, c'est un fait; à l'exception si l'on veut de quelques marchands du littoral méridional et de quelques touristes compatriotes et Anglais. L'administration s'en est à peu près désintéressée de son côté, si bien qu'après 150 ans de possession, elle est restée ou presque, ce qu'elle était à cette époque.

Évidemment des associations de tourisme, récemment fondées, sont venues lui apporter un peu de cette vie animée que d'autres répandent à profusion dans certaines autres régions similaires, mais si quelques nouvelles ressources se sont ainsi créées au profit de quelques hôtels, fournisseurs et commerçants, il n'en reste pas moins que la masse du peuple attend toujours elle, que l'on veuille bien s'intéresser à son sort, et qu'on lui procure les moyens de vivre, en lui facilitant un débouché plus intensif des produits de son sol.

Et c'est tout ce qu'elle demande.

La Corse produit en abondance, notamment des

bois, des fruits et des fromages. Des bois magnifiques comme le pin maritime, le sapin, le mélèze, le laricio, le châtaigner, le cédrat, l'eucalyptus, le chêne-liège.

Des fruits, comme l'amande, la châtaigne, l'olive, la belle cerise, la figue, la prune, le raisin.

Enfin d'excellents fromages de chèvre.

Elle est en mesure en outre, d'entreprendre la culture intensive des primeurs, et de faire produire à son sol 2 récoltes par an.

Or, si quelques éléments de cette production trouvent un certain écoulement auprès des négociants de Marseille, de Nice et de Gênes, la plus grande partie est consommée ou abandonnée sur place.

Pourquoi? Parce que d'une part le producteur Corse n'a pas à sa disposition l'outillage et surtout la clientèle assez nombreuse, nécessaire au débouché de ses récoltes et de sa fabrication, et parce que d'autre part l'administration de l'État et les communes en ce qui concerne leurs bois et forêts, ne possèdent pas assez de chemins vicinaux et fôrestiers pour l'exploitation des coupes.

Et il en résulte que beaucoup d'habitants vivent mal, ne peuvent acheter tout ce dont, ils auraient besoin à la mère patrie, et que le plus grand nombre des enfants mâles s'expatrie sur le continent.

Il semble cependant que quelque chose pourrait être changé à cette situation, si d'abord l'État et les communes se décidaient à s'imposer quelques sacrifices, et si des chambres de commerce, bien inspirées, envoyaient sur place des ingénieurs industriels, entrepreneurs et commerçants, en voyage d'études.

Ces voyages, ainsi que nous avons pu nous en rendre compte sur place, révèleraient ceci :

I. — En ce qui concerne les grands hôtels.

Il est possible de créer de grands hôtels sur certaines parties de la côte et dans l'intérieur de l'île, à proximité des routes nationales et des points d'excursion. Il existe, il est vrai déjà, quelques-uns de ces hôtels, mais privés, lesquels pour cette raison ne possèdent pas les moyens d'action nécessaires pour répandre leur publicité.

Les grands hôtels Suisses ont prospéré par la publicité. Là seule, est la vérité. Il en serait de même pour la Corse, qui peut être comparée très avantageusement à la Suisse, ce qui n'est pas peu dire.

Les compagnies de chemin de fer et de navigation sollicitées, contribueraient à cette publicité, dans une plus large mesure. A Ajaccio et à Bastia, les intéressés trouveraient à se documenter très largement sur cette question, auprès des Sociétés de propagande qui existent. Des convois automobiles seraient mis à leur disposition, qui les dirigeraient dans toute l'étendue de l'île, c'est-à-dire partout où il leur conviendrait de se rendre.

II. — En ce qui touche les produits du sol.

Des dépôts dans chaque canton ou centre important pourraient être fondés, par des Sociétés privées, en même temps que seraient créées des foires et marchés périodiques. Des agents compétents, dirigeraient eux-mêmes ces dépôts, auxquels seraient apportés tous les produits de consommation, voir même de fabrication, de chaque région intéressée.

De vastes magasins y seraient installés et des services spéciaux de transports provoqués par ces Sociétés en assureraient l'expédition vers les ports. De là, ils seraient dirigés à des époques déterminées, en France, en Angleterre ou ailleurs par des navires spéciaux affrétés exclusivement au compte de ces Sociétés.

Un fret de retour serait assuré à ces « steamers » du moyen tonnage (aménagés de façon à recevoir des marchandises encombrantes, comme de longs bois) par des transitaires spéciaux, correspondants de ces sociétés, transit qui engloberait les poids lourds, les matériaux, les farines, denrées, gros colis, nécessaires à l'usage et la consommation des habitants de l'Ile.

Evidemment les débuts de ces sociétés seraient laborieux; il faudrait user de ménagements et de diplomatie envers les habitants, assurer le bon fonctionnement des transports et tenir tête à la concurrence qui ne manquerait pas se manifester, mais ces premières difficultés seraient vite aplanies, si la population, bien préparée à ce nouvel essor, en découvrait les avantages.

Jusqu'ici rien n'a été sérieusement tenté dans cette voie, faut-il donc que la Corse souffre éternellement de cet état de choses? L'état ne peut pas tout faire. Seule l'initiative privée peut beaucoup. Combien de sociétés se sont fondées un peu partout avec des capitaux français, pour l'exploitation de produits étrangers, dont l'intérêt et l'importance étaient moindres que ceux qui nous occupent. Pourquoi aujourd'hui encore rechercher ces affaires lointaines, quand d'excellentes, sont disponibles à 16 heures de Marseille et 9 heures de Nice.

Il faut se rendre compte qu'une première opération d'affaires en entraînerait d'autres, des usines d'appareils électriques, des scieries, manufactures d'allumettes, des brasseries, grands ateliers de menuiserie et de charpentes, des briqueteries et tuileries, des carrières de pierre de taille granitées, etc, usines qui pourraient être installées électriquement avec l'emploi de la houille verte, c'est-à-dire des torrents, qui sont nombreux dans l'Ile.

Mais il semble que, de son côté, la population Corse agirait sagement en s'organisant, en se solidarisant, en se prêtant en un mot à toutes les enquêtes qui pourraient avoir lieu sur ces questions, et sans en prendre ombrage en quelque circonstance que ce soit.

Aide-toi toi-même, est une vérité de circonstance ici. Il leur serait facile, très facile même, de créer une agence de publicité qui serait répandue non seulement en Corse, mais en France et en Angleterre, en langue anglaise. Et puis, des fêtes d'excursion pourraient y être organisées à deux époques de l'année, l'hiver, dans le genre de celles des Vosges et des Pyrénées, au printemps, comme celles des grandes stations de villes d'eau, ce qui attirerait ainsi de nombreux éléments étrangers.

Enfin, comme conséquence, les banques trouvant à exercer leurs opérations, s'installeraient dans l'Ile et aideraient considérablement aux succès de toutes ces entreprises.

Il est bien évident que de leur côté, les femmes bénéficieraient également de ces avantages, et que par suite, elles ont le plus grand intérêt au développement de ce mouvement. En ce qui les concerne, des Comités de protection pourraient au même titre que ceux du continent, se fonder dans les principales villes et bourgades, et il est fort probable qu'ils seraient accueillis avec une grande satisfaction par la masse des ménagères et des jeunes filles, car nul n'ignore que les femmes de Corse sont particulièrement expertes dans les travaux d'aiguille.

En résumé, il est incontestable que, si cette rénovation s'accomplissait, la population de l'Ile se tranformerait réellement; l'habitude du travail et des occupations intéressées lui reviendraient, et, d'ailleurs, chacun se ferait un point d'honneur de réussir là où d'autres, animés d'une volonté contraire, ont échoué.

Et puis, elle se souviendra que la guerre a créé chez elle de nombreuses plaies et que les nécessités de l'existence vont devenir, là comme ailleurs, impérieuses. Le travail ennoblit, ne l'oublions pas; que la Corse travaille donc comme on sait travailler en France et partout ailleurs dans ce monde, et ses aspirations se réaliseront comme elle désire qu'elles le soient.

NOS TRANSPORTS INTÉRIEURS

Mais revenons à nos transports.

On peut admettre sans difficulté qu'après la guerre, les besoins des nations iront en augmentant et que nos industriels, producteurs et commerçants ne négligeront rien pour participer à la lutte qui aura pour objet d'y pourvoir.

Les trafics d'importation et d'exportation, qui en résulteront, exigeront nécessairement l'utilisation d'un matériel roulant formidable et une capacité beaucoup plus grande de navires marchands, si bien qu'il n'est par exagéré de prévoir qu'à cette époque, les intéressés éprouveront le désir le plus pressant de se comprendre et de s'entendre, les expéditeurs, d'une part, et les compagnies de transport, de l'autre, de nouveaux problèmes étant appelés à surgir du fait de l'importance même de ces trafics.

Dans cette perspective, il nous paraît intéressant de suggérer à nos compagnies de chemin de fer, quelques conceptions tirées de l'expérience qui, semble-t-il, sont de nature à concilier et leurs intérêts personnels et ceux de leurs clients.

Nous avons pu constater souvent et à regret, combien certaines compagnies ignorent généralement, leurs gros et moyens clients, c'est-à-dire ceux qui leur assurent bon an mal an des tonnages élevés et réguliers. Or, par suite de ce regrettable défaut de contact, ces derniers se sont trouvés fréquemment dans l'obligation de se plaindre, soit d'indifférence à leur égard, soit de longs retards apportés à la délivrance du matériel nécessaire à leurs expéditions soit enfin de l'application de tarifs relativement élevés sinon exagérés.

C'est ainsi qu'en ce qui concerne notamment les retards dans la délivrance des wagons, il en est résulté que de nombreux expéditeurs ont éprouvé la perte de certains de leurs clients, parce que leurs envois n'étaient point parvenus aux époques fixées, et que d'autres se sont trouvés dans la nécessité de subir des charges supplémentaires, comme celle par exemple, très onéreuse, de l'entretien de la cavalerie de leurs camionneurs et voituriers, spécialement déplacés.

Or, est-il besoin d'ajouter que ces compagnies restaient sourdes à toutes les réclamations qui leur parvenaient de toute part, et qu'en présence de ce système de résistance passive, beaucoup d'expéditeurs, et non des moindres, se sont trouvés dans l'obligation de modifier leurs opérations commerciales et de renoncer à l'extension de leur production, de telle sorte, que pendant que nos concurrents étrangers ne cessaient de développer la leur, nous limitions ou réduisions la nôtre.

Conception bizarre devant laquelle toutefois nous avons dû souvent céder, ou nous incliner, et pour cause !

Cependant cette théorie, particulière d'ailleurs à de nombreuses administrations, qui consiste à se prévaloir d'une autorité avec laquelle on ne discute pas, parce que régie par des statuts et règlements, nous paraît avoir peu de chance, désormais, de satisfaire aux nouvelles exigences du commerce français, et il semble bien qu'après les pertes immenses que nous éprouvons actuellement, nous soyons peu inclins dans l'avenir, à envisager sous le même angle, nos rapports communs.

Loin de nous, certes, la pensée d'une polémique

commerciale, qui, dans la situation du moment serait déplacée; mais, nous estimons que quelle que soit l'époque, une vérité est toujours bonne à dire, surtout lorsque, dans des circonstances comme celle-ci, l'intérêt général est en jeu.

Aussi bien, pour rendre meilleures les relations des compagnies avec leurs clients, que faudrait-il donc !

Simplement ceci :

S'inspirer d'abord de cette conception logique et naturelle « Nous avons tous besoin les uns des autres. » — Sans plus. — Expression qui peut se définir ainsi · s'entr'aider mutuellement, concevoir les intérêts de chacun, être juste, souple, bienveillant, sans prétention, surtout sans prétention.

Puis, se rapprocher mutuellement le plus souvent, afin d'échanger pacifiquement des idées.

Jusqu'ici comme on le voit, rien de plus simple à exécuter. — Mais il y a autre chose.

Quel est celui d'entre nous qui ne se soit trouvé en temps de paix à même d'assister, au cours de voyages, à ces longs défilés de wagons vides de marchandises, les uns en cours de route, les autres en stationnement dans des gares de triage ou de débit. Ces wagons vides, pendant des jours et des semaines, circulaient ainsi sans profit, bien que cependant par ailleurs, beaucoup d'entre eux étaient réclamés par des clients d'un autre secteur.

Or, pour assurer à ce matériel le maximum de roulement et de débit, et pour procurer en même temps satisfaction à certains expéditeurs, dans des délais rapides, que faudrait-il encore?

Voici : 1° créer dans chaque région de production, chaque arrondissement, gros centre industriel, commercial, agricole et forestier, des postes d'agents spéciaux, sans différence d'âge, n'ayant même aucune aptitude des services de chemin de fer, des agents qui soient simplement intelligents et de bonne tenue, et qui auraient pour mission spéciale de prendre contact et s'informer auprès des expéditeurs de villes et provinces, de leurs besoins en matériel, c'est-à-dire des expéditeurs comme ceux dont le trafic oscille entre 200 et 500 tonnes par mois, ou de 30 à 100 tonnes, comme ces producteurs de province dont les expéditions varient entre 1000 et 3000 tonnes annuellement, et ce qu'il s'agisse d'exploitants, industriels éleveurs, agriculteurs, etc. le tout afin de coordonner ces besoins, les rassembler, les classer, les canaliser enfin, et de telle sorte que, d'une part, les expéditeurs puissent assurer leurs envois à des dates certaines, et le cas échéant sans délai, et, d'autre part, que tous les échanges de marchandises, et les réexpéditions de matériel entre chaque réseau, soient rendus plus faciles, et plus expéditifs ;

2° De recruter dans chaque région ainsi visitée régulièrement, un accroissement de trafic, en signalant aux intéressés tous les besoins de production et de consommation réclamés par des régions limitrophes ou éloignées, besoins centralisés ensuite sous la direction des chefs de ces agents, et dont des listes seraient mises à la disposition du commerce, dans toutes les gares de chaque réseau.

On saisit déjà tout l'intérêt de cette innovation.

Ces agents deviendraient de véritables recruteurs de frets et de transports. Ici, c'est un industriel encombré d'une surproduction de sciages ou de bois divers, représentant 100 tonnes, disponibles de vieille date dans ses chantiers, et invendables dans sa région, et dont le stock serait ainsi signalé dans les différentes stations centrales industrielles; ailleurs, c'est un gros fermier, disposant sur ses récoltes précédentes de grosses meules anciennes de fourrages et de paille, dont il voudrait éviter l'engrangement en vue de ses labours, et qui, pour cette raison, serait disposé à un écoulement immédiat. Ailleurs encore, c'est un carrier qui voudrait pouvoir écouler 2 à 300 tonnes de sable et de cailloux, mais qui, ne disposant d'aucune relation, se trouve contraint à n'en pas tirer parti.

Ici, c'est un gros acheteur de Vaugirard, informé qu'un lot de vieux chevaux est disponible en Normandie et qui n'hésite pas après avis télégraphique à se rendre sur place et traiter l'affaire; enfin, c'est un matériel d'usine usagé, (machines, chaudières, etc), dont le propriétaire habitant Le Mans, cherche à se défaire depuis longtemps, et qui se trouve connu d'un usinier de Dreux, occupé à reconstruire.

Est-il besoin d'affirmer qu'une activité économique plus intensive résulterait de ces invocations. Déjà, en ce qui touche ces agents de recrutement, l'emploi exigerait peut-être de 4 à 5.000 membres, répartis dans toutes les compagnies françaises.

Ainsi que nous le disions tout à l'heure, des registres tenus méthodiquement dans chaque gare, permettraient aux intéressés de se renseigner, chacun pour ce qui le concernerait. Les voyageurs notamment, ces meilleurs clients des compagnies de chemin de fer, seraient infiniment bien placés pour les consulter avec profit.

Bref, il paraît inutile de préciser davantage, les résultats à espérer de ce système étant indiscutables.

Mais encore, la mission de ces agents aurait un autre objectif, avec toutefois le consentement des compagnies ! L'excitation à la surcharge pour les marchandises lourdes, à expédier par unités, groupes ou rames de wagons.

Précisons. — Pourquoi, en effet, les compagnies ne favoriseraient-elles pas leurs clients, spécialistes d'expéditions par wagons complets, c'est-à-dire ceux qui représentent en réalité leur meilleure clientèle?

Souvent, une affaire dépend d'un écart insignifiant sur le prix proposé ou offert ! Voici un négociant en désaccord de 30 francs sur un stock de 8 tonnes de marchandises, écart qui va obliger l'acheteur à se pourvoir peut-être auprès d'une maison étrangère, non allemande d'ailleurs, mais étrangère. Or, notons qu'il ne coûte pas plus à la compagnie de transporter 8 tonnes que 5, que ces 8 tonnes sont plus intéressantes en comparaison, que les 4 tonnes d'un wagon voisin composé de liquides, taxés à tarif réduit.

Donc, ces 8 tonnes chargées sur un wagon de 5 tonnes, vont profiter à concurrence de 3, à la Compagnie, qui percevra ainsi, à supposer un tarif de 8 francs = 64 francs, au lieu de 40 francs.

Dès lors, pourquoi, répétons-nous, ces compagnies ne consentiraient-elles pas une sorte de ristourne sur ce supplément, une réduction qui pourrait être graduée suivant l'importance du trafic mensuel du client.

Prenons un industriel expédiant, bon ou mal an, 800 tonnes d'objets manufacturés destinés au même client. Cette année, pour ses chargements, la compagnie expéditrice lui a procuré 102 wagons de 5 tonnes, ce qui représente une moyenne de 7 tonnes 500 de marchandises chargées par wagon. Or, à supposer que ce client n'ait chargé à la fois par unité, que 5 tonnes exactement, la compagnie se serait trouvée dans la nécessité de lui procurer 130 wagons, dans l'année, au lieu de 102.

Différence : 28 wagons, dont elle aurait été privée par ailleurs; et si on multiplie ce chiffre par 1.000 cas analogues, on saisit sur le champ les embarras provoqués à cette compagnie, par les expéditeurs observant à la lettre leur limite de chargement.

Mais supposons encore ce même industriel pressenti d'une proposition de commande exigeant un couplage de 3 wagons plats, et pour laquelle il lui est imposé comme condition « sine qua non », un rabais sur ses prix, de un franc cinquante par tonne. Va-t-il accepter? Admettons que cela lui soit impossible; l'affaire est donc manquée et pour l'industriel et... pour la compagnie.

Mais, la compagnie, nous dira-t-on, ne perd rien en réalité, car cette affaire manquée ici est réalisée par ailleurs, dont c'est toujours elle qui bénéficiera du transport.

Mauvais raisonnement. Ce transport est susceptible d'être effectué par la batellerie ou une autre compagnie !

Certes, cette même compagnie ne restera pas pour cela à cours d'arguments, car dira-t-elle, en modifiant mes tarifs, les autres compagnies seront entrainées à modifier les leurs, et à tout prendre la situation pour tous, restera inchangée.

Évidemment, à une condition seulement, que la proposition de commande à l'industriel en question ne soit transmise à une maison étrangère, et qu'elle émane d'une maison également étrangère.

Mais notons encore un autre exemple; d'un autre genre celui-là.

Voici un gros chargement de bois de sapin sec venant de Norvège ou de Suède, expédié de Calais ou d'ailleurs, à Paris. Ce bois d'une complète siccité; comportant 50 mètres cubes, va exiger par exemple 5 wagons de 5 tonnes, le sapin pesant 500 kilos environ pas mètre cube.

Calculons : 50 × 500 = 25 tonnes à 10 francs par tonne = 250 francs.

Mais, voici en comparaison, un autre gros chargement de bois de sapin, en grume celui-là, originaire de Normandie par exemple et expédié de cette région, au Havre, à l'état vert, c'est-à-dire 2 mois après l'abatage, et d'un cube global de 50 mètres cubes également.

Ce bois vert pesant 1.200 kilos, sinon plus par mètre cube, pourra malgré son poids être chargé également sur 5 wagons, de dix tonnes, il est vrai, mais 5 wagons seulement; or, si l'on se base sur un tarif indentique de 10 francs la tonne, on trouve que la compagnie encaissera pour ces 5 wagons : 50 mètres cubes × par 1.200 kilos = 60 tonnes à 10 francs = 600 francs.

Écart entre les 2 envois : 350 francs soit 2/3 en plus pour le dernier.

Sait-on la différence et se représente-t-on bien cette anomalie d'application, pour certaines catégories de marchandises, variant à ce point de densité

Par conséquent, il est incontestable que les compagnies, sans s'en rendre compte, bénéficient d'avantages dont l'expéditeur se trouve entièrement privé. Et pourtant tout en servant leurs intérêts propres, elles pourraient fort bien comme cela se pratique à l'étranger, accorder à leurs bons clients une sensible réduction, basée non sur l'importance de leur trafic, mais sur le tonnage de chaque chargement déclaré.

Car il faut préciser, si les compagnies n'accordaient seulement ces avantages qu'à leurs gros clients, les petits expéditeurs se trouveraient de ce fait en défaveur et c'est ce qu'il faut éviter. Ce n'est donc pas sur l'importance totale du trafic annuel qu'il faudrait tabler, mais sur la fraction de l'expédition, dépassant un minimum de tonnage. Et pas autrement.

Cette question de ristourne présente au fond un intérêt considérable, car appliquée, elle serait de nature à provoquer une recrudescence d'affaires, dont les premiers bénéficiaires seraient les compagnies elles-mêmes. Enfin, outre qu'elle permettrait d'envisager sûrement une nouvelle orientation d'écoulements vers l'étranger, elle stimulerait en même temps les énergies productives de la nation, et ce serait nécessairement tout profit pour la masse des travailleurs.

Car nous arrivons à un tournant où chacun, en ce qui le concerne doit s'efforcer de rompre avec les errements du passé.

Nous possédons en France même, des ressources de production formidables, et bien que nous le sachions depuis longtemps, nous sommes loin encore des résultats auxquels nous sommes en droit de prétendre.

Notre sol nul ne l'ignore, est incomparable, et cependant nous n'en extrayons même pas l'indispensable a nos besoins. Il nous faut importer bon an mal an, du charbon, du minerai, du bois, et même du blé, sans compter le reste, le tout en quantités parfois considérables.

Nous parlons de bois. Notre consommation nous oblige, en raison de la progression de nos besoins, à nous approvisionner à l'étranger pour plusieurs centaines de millions annuellement, et cependant si nous avions conçu, depuis longtemps, une excellente méthode de reboisement général, nous ne serions tributaires des autres, que de bois spéciaux, c'est-à-dire de certaines essences de luxe et de choix, auxquelles notre sol est en partie réfractaire.

Nous importons notamment des pays scandinaves d'énormes quantités de sapin et de pin dont nous pourrions produire au moins la moitié, pour les besoins de nos entreprises de charpente, de travaux publics, de nos mines, administrations des P. T. T. et nos fabriques de caisses.

Le sapin et le pin sont en effet avec le peuplier, les essences les plus utilisées sur les grands continents ; et ce sont précisément celles qui nous font le plus défaut.

Un boisement et reboisement intensif de ces essences s'imposent donc aujourd'hui plus que jamais, aussi bien pour l'administration des Eaux et Forêts que pour les départements, les communes, les compagnies de chemin de fer, les établissements privés, les propriétaires et particuliers, et il semble qu'une éducation spéciale devrait être entreprise dans cette voie auprès de ces derniers par l'administration forestière et les syndicats forestiers.

Une éducation c'est bien le terme, s'impose en effet, car on ignore trop parmi ces administrations régionales et les particuliers, l'importance qui résulterait de l'exécution de ces vastes projets.

Nos campagnes, nous le savons tous, se désertent de plus en plus, la main-d'œuvre rurale est un problème qui n'a cessé d'accroître les difficultés d'exploitation, lesquelles sont encore appelées à s'aggraver du fait des vides provoqués par la guerre, or, en présence de ces complications, il importe de songer à y parer par des mesures habiles, faites de promesses et de concessions, des encouragements, comme des primes importantes de reboisements, de culture et d'élevage, des facilités d'achats de matériel agricole, des prêts abondants et fréquents sur des récoltes sur pied, des promesses d'achats de terrains reboisés, des créations de pépinières dans chaque canton, etc., etc.

Mais le temps presse. Il faudra y songer rapidement. Les compagnies de chemin de fer elles-mêmes sont toutes désignées pour provoquer le mouvement, car ce sont elles qui ont le plus grand intérêt à sa réalisation. Qu'elles prennent donc d'abord l'initiative du boisement et plantation de leurs terrains incultes, avoisinant leurs gares de marchandises et longeant certains parties de leurs voies. Qu'elles plantent là des peupliers en masse, des pins et acacias, c'est-à-dire des bois qui se développent rapidement, le peuplier en particulier lequel en 25 ans est propre à l'abatage.

Elles provoqueront ainsi une grande émulation parmi les populations riveraines, puis chez les compagnies d'assurances, dont l'intérêt n'est pas moindre en vue du placement de leurs réserves, les caisses d'épargne, les établissements religieux qui autrefois possédaient les plus belles propriétés boisées de France, les grandes sociétés privées, les communes dont les charges ne cessent d'augmenter, et qui fréquemment ont de pressents besoins d'argent, enfin les grands comme les petits propriétaires.

Car nous avons désormais un absolu besoin de créer de la vie partout, de la vie végétale comme de la vie humaine, et rien de ce qui touche ces grands problèmes ne doit nous laisser un instant indifférents.

Nous pourrions, si nous le voulions, prolonger à l'infini l'examen de ces multiples questions, mais elles nous entraîneraient beaucoup trop loin.

Pour en terminer avec notre sujet des transports,

rappelons enfin que nos gares centrales de marchandises sont en général insuffisamment outillées pour les stocks de marchandises qu'elles recoivent périodiquement.

Leurs halles et docks sont pour la plus part trop étroits, et souvent pour cette raison, les compagnies se trouvent dans la nécessité d'exiger du client, un déchargement rapide, qui gêne fréquemment celui-ci.

Il semble réellement que les directions ne connaissent pas suffisamment les besoins du commerce, ses exigences, et les obstacles que parfois il rencontre — qu'elles jugent donc de temps en temps un peu plus par elles-mêmes — elles se rendront compte ainsi que là, par exemple, il manque une grue pour désencombrer ou permettre l'accès de gros matériaux ou marchandises lourdes, ailleurs, un grand hangar pour loger à loyer, les marchandises que à certaines époques, de gros expéditeurs reçoivent en abondance.

Cette question de loyer en gare, mais c'est un peu le secret des affaires. Un négociant industriel, exploitant, agriculteur ou autre pourrait, s'il pouvait disposer de grands logements en gare départ ou d'arrivée, y entreposer pendant plusieurs jours ou semaines, certains excédents de marchandises qui, à défaut, provoquent chez lui de gros embarras. Il en résulterait notamment une double économie de transport pour le réceptionnaire, qui aurait tout le temps nécessaire, le cas échéant, de revendre cette marchandise à un client directement, c'est-à-dire pris en gare. Les compagnies ne s'imaginent pas l'importance des services qu'elles rendraient ainsi à certains gros clients.

En résumé, que tous les compagnies de chemin de fer examinent ces divers projets, et après étude elles se rendront compte que leur application ou adaptation est généralement possible. Et puis avant tout, elles songeront que la prospérité du pays dépendra beaucoup de leur bonne volonté et de leurs initiatives, c'est assez dire pour les décider à s'engager dans la bonne voie.

CHAPITRE XII

Nos Banques et les Guichets de Placement

En ce qui concerne nos banques, il est incontestable également que des efforts restent à faire pour améliorer à la fois notre système de crédit commercial, et les relations communes entre banquiers et gens de commerce.

Au fond, ce dont nous avons surtout besoin en France, ce ne sont pas tant ces guichets d'émission de valeurs étrangères et de dépôt qui recueillent un peu partout une grande partie des fonds de nos rentiers capitalistes et petits épargnants, mais de ces bons guichets d'avances, de prêts et d'escompte, auxquels nos industriels, commerçants, exploitants, agriculteurs, etc, puissent frapper aussi souvent que leurs opérations les y contraignent.

Un bon banquier installé dans une ville ou gros centre de production, contribue davantage à la prospérité de sa région, que toute la fortune réunie des propriétaires et rentiers du milieu, simplement parce que celle-ci reste en partie improductive et que celle du Banquier est répartie entre les mains du monde du travail, où elle sert à développer leurs affaires, et « ipso facto » à assurer l'existence et le bien-être de milliers de petits commerçants, employés, ouvriers et ouvrières.

Mais les bons banquiers n'existent pas partout; aussi bien, étant donné la recrudescence d'opérations industrielles, commerciales, forestières et agricoles qui ne peut manquer de se manifester après la guerre, serait-il très désirable que notre système bancaire soit en général rendu plus souple, mieux inspiré, et en particulier moins réfractaire aux nécessités économiques de la nation.

Il apparait que cette conception pourrait rapidement se réaliser si d'abord l'esprit du capitaliste-rentier était intelligemment orienté dans cette voie par la plume des économistes, parlementaires et chambres de commerce, et si des relations plus étroites étaient fréquemment échangées entre banquiers et détenteurs de fonds.

En somme, que faut-il pour faciliter les affaires? Pour les uns, s'informer très ouvertement des besoins d'argent de ceux qui luttent. Pour les autres, inspirer confiance et faire preuve d'initiative d'énergie et de méthode.

C'est le raisonnement anglais et américain, et qu'on ne s'y trompe pas, c'est le vrai, et en cherchant à s'en rendre compte, les intéressés seraient frappés de l'excellence de son application.

En tout il s'agit de discerner, mais il semble que si une initiative de ce genre devait être prise, elle devrait l'être exclusivement par le banquier mieux placé pour étudier et suivre les opérations de celui à favoriser.

Il est, en effet, à tous égards préférable que ces sortes d'avances proviennent de son fait, soit que l'intéressé inhabile à exposer son affaire, ou peu habitué aux choses de banque, hésite à provoquer cet appui, soit que pour des raisons d'amour propre, il recule devant la démarche.

On se représente parfaitement un groupe de propriétaires rentiers d'une région quelconque, allant trouver les banquiers du lieu, et leur tenant à peu près ce langage : « Nous avons essayé en « dehors de valeurs françaises toujours bonnes, « différentes valeurs étrangères parfois mauvaises « dont nous avons assez. Aussi bien, désireux « aujourd'hui de nous intéresser de plus près à « des affaires régionales connues de vous, et susceptibles d'un rendement normal, nous vous prions « de noter que nous tenons à votre disposition « un dépôt de..., à charge par vous d'en tirer « le meilleur parti, sous réserve d'augmenter ce « dépôt suivant les résultats acquis. »

Au besoin, ce sont les banquiers qui provoqueraient l'entretien, et il n'est pas exagéré de prévoir que d'excellents résultats seraient obtenus de cet échange d'idées.

Car en effet il est temps que nos capitalistes-rentiers songent davantage à ces spécialistes de l'action et du travail à ces ingénieurs, usiniers, industriels, commerçants et exploitants, qui constamment sur la brèche mais souvent livrés à leurs propres ressources, se sacrifient pour découvrir et produire.

Qu'ils suivent de plus près leurs tentatives et s'instruisent de leurs besoins. Les banquiers les y aideront, mais que de leur côté ils jugent et se rendent compte par eux-mêmes, ils apprécieront ainsi beaucoup mieux, se feront une opinion plus exacte du concours à leur prêter.

Mais encore que ce soit eux qui provoquent ces

concours, que les démarches émanent de leur fait et non de l'intéressé qu'ils aillent au devant lui en un mot, c'est le seul bon moyen d'aboutir.

En Angleterre et en Amérique, les banques prêtent d'avantage sur la mine de l'homme que sur son matériel. Des facilités extraordinaires lui sont procurées s'il est réputé honorable, intelligent, travailleur, bien doué pour l'action.

Les affaires y sont rendues extrêmement aisées par le jeu des avances sur connaissements, des contrats, des commandes. Un industriel ou un producteur chargé d'ordres pour le compte d'une entreprise, une administration, une société, trouvera auprès de son banquier des fonds nécessaires à l'achat de ses matières premières, ou à la couverture de sa première mise.

Un négociant se fera avancer sur des marchandises transportées par mer ou par fer, à l'adresse de maisons solvables, une partie de la valeur de la cargaison, laquelle lui permettra une seconde opération, ou une préparation à de nouveaux envois.

Tout le système bancaire de ces nations réside dans ces combinaisons. En est-il de même chez nous? Comme le Normand, on pourrait répondre oui et non, c'est-à-dire, oui pour les établissements à surface, non pour les isolés, les inconnus, les hésitants, les incertains enfin.

Chez nous ce qui domine, c'est le renseignement commercial. Une bonne terre au soleil, un établissement, du matériel suffisent à inspirer confiance. — L'homme? un détail !

Avec cette conception, les uns se sont enrichis et

les autres ont marqué le pas, ce qui faisait dire souvent aux premiers : « On se plaint tout le temps en France, ne faites donc pas attention » et aux seconds : « Les affaires sont dures, ça ne marche pas.. quand aurons-nous..........? »

Nous l'avons eue, et Dieu sait ce qu'il nous en coûte, seulement le favorisé avait tort lorsqu'il affirmait que tout était pour le mieux dans le meilleur des mondes; il ne songeait pas aux Allemands. Tandis que l'autre sentait venir le vent; il se rendait compte qu'il n'était pas soutenu, que la concurrence l'épuisait graduellement, et qu'un jour viendrait où il faudrait succomber.. ou en découdre.

Et c'est exactement ce qui est arrivé.

On nous excusera certainement cette liberté de langage, mais à quoi bon aujourd'hui dissimuler d'avantage ces vérités quand elles s'étalent si ouvertement, si lumineusement à nos yeux.

Ces leçons nous serviront sans doute. — Au surplus l'intérêt général commandera désormais une solidarité plus étroite, et chacun peut-être y trouvera mieux son compte.

Nous en aurions fini avec ce dernier chapitre, s'il ne nous paraissait nécessaire de dire deux mots d'une idée parfaitement réalisable, qui intéresse la masse des employeurs et employés.

Il s'agit du rôle d'intermédiaire entre les deux parties, dont pourraient se charger les Maisons de Banque.

Nul n'ignore que les banquiers sont parmi les gens d'affaires les mieux placés pour communiquer avec les industriels, entrepreneurs, négociants, exploitants, agriculteurs, propriétaires et rentiers, étant donné les rapports fréquents, soit de commerce, soit d'intérêt, qu'ils entretiennent avec chacun d'eux.

Or, rien ne s'opposerait à ce que soit inaugurés par eux, des services spéciaux d'offres et demandes de personnel, en un mot de placement à guichets ouverts.

On saisira de suite les avantages de ce système, si nous ajoutons que les premiers intéressés seront précisément les banquiers eux-mêmes, par ce moyen disposeront de fréquentes occasions de se créer un surcroît de clientèle parmi les solliciteurs employeurs.

Mais entrons dans le détail.

Des vacances nombreuses d'employés et d'ouvriers se sont produites depuis la guerre, des vides non encore connus, également — or un remaniement considérable est appelé à en résulter. — Comment feront les patrons pour réquisitionner tout le personnel qui leur manquera, et ceux des salariés dont les patrons ne sont plus, ou dont les établissements sont fermés.

On peut actuellement se poser la question sans être assuré d'une réponse ferme. La publicité n'y suffira pas. Les enquêtes sur les candidats traîneront. Certains de ces candidats seront inaptes à tel emploi mais mieux préparés pour un autre. Par conséquent, beaucoup ne trouveront par leur véritable poste, de même que les patrons ignoreront ceux qui pourraient leur donner satisfaction.

On devine les complications, les demi-satisfactions, les désarrois qui résulteront à cette époque de cet etat de choses.

Certes, beaucoup d'entre eux reprendront leurs anciennes fonctions, mais il y aura ceux encore qui n'ont plus de foyer, plus de famille; ceux que la guerre a obligés à changer de résidence, les nouveaux, les émigrés, les Belges, les jeunes gens en âge de travailler, les hommes âgés et encore solides, et tant d'autres !

Or, en s'inspirant du projet que nous préconisons, voici ce qui pourrait être tenté.

Ouvrir dans toutes les banques, de ville et de province, un guichet spécial, où employeurs et employés viendraient inscrire leur demandes, ces derniers avec déclaration de leur origine, de leurs états de service, la nature de leur emploi, leurs aptitudes. Ces déclarations pourraient être, au besoin, frappées d'une taxe de 0 fr. 25 centimes et transmises par correspondance. Quant aux guichets, ils fonctionneraient seulement à certaines heures, matin et soir, ainsi que les jours de marché, dans les campagnes.

Les listes seraient affichées en permanence aux tableaux extérieurs de ces banques, et il serait demandé aux intéressés d'informer chaque banque du résultat des négociations engagées, afin de les rayer des listes.

Enfin, les banques dans leurs rapports entre elles, échangeraient ces listes périodiquement.

Sans plus.

On peut donc se rendre compte, par cette méthode, des avantages qui seraient ainsi procurés aux intéressés. Pas de longues recherches, pas d'espoirs brisés, pas de temps inutilement perdu.

Les patrons entretiendraient ainsi des rapports

plus étroits avec ces banques, et celles-ci en profiteraient pour « causer d'affaires », de placements, de prêts, bref, l'innovation serait à tous les points de vue heureuse.

Que les maisons de banque songent de près à cette idée. Si elles n'en retirent aucun avantage immédiat, elles ne perdront rien pour attendre, et puis, elles rendront ainsi d'immenses services au monde du Travail.

Cette satisfaction du service rendu suffirait d'ailleurs à elle seule, pour les engager à la mettre en pratique.

Dès lors, ayons confiance !

TABLE DES MATIÈRES

Angers, Imp. G. Grassin. — 707 15.

www.ingramcontent.com/pod-product-compliance
Ingram Content Group UK Ltd.
Pitfield, Milton Keynes, MK11 3LW, UK
UKHW020246250726
13967UKWH00004B/1544

9 782013 562782